Bennack · Schulaufgabe: Unterricht

Die Reihe »Studientexte für das Lehramt«
wird herausgegeben von Eiko Jürgens

Jürgen Bennack

Schulaufgabe: Unterricht

Zeitgemäß unterrichten können

Mit Beiträgen von Werner Metzig, Martin Schuster
und Manfred Rotermund

3. Auflage

Beltz Verlag · Weinheim und Basel

Dr. *Jürgen Bennack*, Jg. 1941, ist Professor für Schulpädagogik an der
Universität zu Köln und in der Lehrerausbildung tätig.

Dr. *Werner Metzig*, Jg. 1943, ist Oberstudienrat i.H. an der Universität
zu Köln, Fachgebiet: Psychologie.

Dr. *Martin Schuster*, Jg. 1946, ist Akademischer Rat an der Universität
zu Köln und apl. Prof. an der Universität Koblenz-Landau,
Fachgebiet: Psychologie.

Manfred Rotermund, Jg. 1953, ist Studiendirektor i.H. an
der Ruhr-Universität Bochum, Fachgebiete: Schulpädagogik,
Fachdidaktik Pädagogik – Schulpraktische Studien.

3., überarbeitete und erweiterte Auflage 2004
Die 1. und 2. Auflage sind unter der ISBN 3-472-04488-8 im
Hermann Luchterhand Verlag GmbH, Neuwied/Kriftel, erschienen

© 2004 Beltz Verlag · Weinheim und Basel
www.beltz.de
Lektorat: Peter E. Kalb
Herstellung: Klaus Kaltenberg
Satz: Druckhaus »Thomas Müntzer«, Bad Langensalza
Druck: Druckhaus Beltz, Hemsbach
Umschlaggestaltung: Federico Luci, Köln
Umschlagabbildung: Veit Mette Bielefelder Fotobüro, Bielefeld
Printed in Germany

ISBN 3-407-25294-3

Inhaltsverzeichnis

Vorwort des Herausgebers 7

1. Einleitung 9

2. Ziele des Schulunterrichts 15

3. Bedingungen des Lehrens und Lernens in der Schule ... 19

    3.1 Was ist Lernen? 19
    3.2 Die anthropologische Konstante 21   **Beitrag von**
    3.3 Was bewirkt die historische Veränderung? 22   **Martin Schuster,**
    3.4 Was sind die zukünftigen Anforderungen? 24   **Werner Metzig**
    3.5 Neue Perspektiven 25   **(3.1– 3.6)**
    3.6 Abschließende Bemerkung 30
    3.7 Das Bedingungsfeld des schulischen Lernens 30

4. Grundlagen der Unterrichtsgestaltung 33

    4.1 Didaktische Transformation 33
    4.2 Gestaltung des sozialen Unterrichtsrahmens 37
    4.3 Umgang mit Schülern 38

        4.3.1 Einführende Bemerkungen 39
        4.3.2 Die Transaktionsanalyse 43   **Beitrag von**
        4.3.3 Individualpsychologie 44   **Manfred**
        4.3.4 Klassische Lerntheorien 51   **Rotermund**
        4.3.5 Kommunikationspsychologie 59   **(4.3.1– 4.3.7)**
        4.3.6 Lösungsmöglichkeiten 62
        4.3.7 Abschließende Bemerkung 66

    4.4 Die Gestaltung günstiger Bedingungen des Lernumfeldes 66

5. Lehr-/Lernmethoden des Schulunterrichts 69

    5.1 Methodendifferenzierung 70
    5.2 Modi des schulischen Lernens 72
    5.3 Methodische Präferenzen einer schülerorientierten
        Didaktik 74

6. Planung schulischen Lehrens und Lernens 80

6.1 Planungsmöglichkeiten und -grenzen 80
6.2 Planungselemente des Unterrichts 81

6.2.1 Bedingungen 81
6.2.2 Zielaspekte 83
6.2.3 Verlaufsaspekte 85
6.2.4 Interdependenz 87

6.3 Schritte zur Unterrichtsplanung 87

7. Planungsbeispiele A und B 96

8. Lehr-/Lernanalyse 118

9. Schlusswort 124

10. Literaturverzeichnis 127

Vorwort des Herausgebers

Als Herausgeber der Reihe bin ich darüber erfreut, dass diese Thematik bei der Leserschaft auf breites Interesse gestoßen ist. Die Qualität des Unterrichts ist entscheidend für die Leistungsfähigkeit des Schulsystems, wie internationale Vergleichsstudien immer wieder belegen. Vor diesem Hintergrund dürfte auch die 3., überarbeitete und erweiterte Auflage große Resonanz finden, die insbesondere um ergänzende Aussagen zur Unterrichtsplanung bei Offenem Unterricht erweitert wurden. Für den Autor, Prof. Dr. Jürgen Bennack, sollte dies eine nachhaltige Bestätigung dafür sein, ein auf die Praxis bezogenes Buch geschrieben zu haben, mit dem für die beiden ersten Phasen der Lehrerausbildung unentbehrliche Grundkenntnisse vermittelt werden.

Vorwort zur 3. Auflage

Bielefeld, im September 2003 *Eiko Jürgens*

In der öffentlichen Wahrnehmung wird die Leistungsfähigkeit der Schule eng verknüpft mit dem Ertrag erfolgreichen Unterrichts. Die Wertschätzung dieser zentralen Funktion schulischen Handelns zeigt sich besonders deutlich an der derzeitigen Diskussion um Qualitätssicherung und Qualitätsverbesserung von Schule und Unterricht als Folge internationaler Vergleichsstudien zu den Leistungen deutscher Schülerinnen und Schüler.

Vorwort zur 1. Auflage

Das bloße Stattfinden von Unterricht sagt über dessen Bildungserfolg so gut wie gar nichts aus, es ist lediglich ein statistischer Wert. Jede ausgefallene Unterrichtsstunde wird deshalb erst dann zu einer verpassten Chance für die Schülerinnen und Schüler, wenn damit eine spannende, bildungswirksame und persönlich bereichernde Lerngelegenheit ungenutzt bliebe. Zu den wichtigsten Fragen eines anspruchsvollen und professionellen Unterrichts liefert die vorliegende Publikation einen wichtigen Beitrag. Mit ihr wird das Thema Unterricht vor dem Hintergrund aktueller gesellschaftlicher Anforderungen reflektiert. Deren Komplexität, Heterogenität und Dynamik verlangen als Zielsetzung und Aufgabe des schulischen Unterrichts die Vermittlung einer ausdifferenzierten Lernkompetenz, mit der junge Menschen auf den Wandel und die Vielfalt den künftigen »Wissensgesellschaft« situationsgerecht und kreativ reagieren können.

Zeitgemäßer Unterricht in diesem Sinne wird als ein schülerorientierter Unterricht verstanden. Dessen Umriss wird in seinen Grundzügen und zentralen didaktischen Fragestellungen nachgezeichnet. Ausgehend vom Lernen als Kern aller unterrichtlichen Bemühungen wird dessen Bedingungsfeld skizziert und Grundlagen der Unterrichtsgestaltung wie u.a. didaktische Transformationen und didaktische Prinzipien sowie insbesondere das Lehrer-Schüler-Verhältnis verständlich erklärt und mit praktischen Hinweisen versehen. Außerdem werden Präferenzen hinsichtlich zu verwendender Methoden vorgenommen, sodass die Leserinnen und Leser einen Leitfaden für die Argumentation eigener Unterrichtsplanung geboten bekommen.

Der besondere Wert dieses Reihenbandes für die Qualifizierung und Kompetenzsteigerung von Lehrerinnen und Lehrern, also für deren Professionalisierung in einem gesellschaftlich relevanten Bereich, liegt in einer engen Verschränkung von theoretischem Basiswissen und praktischem Unterricht und den daraus gewonnenen handlungsleitenden Aussagen zur Planung und Analyse von Unterricht mit begründetem Vorgehen und genauen Schrittfolgen.

Bielefeld, im Oktober 2000   *Eiko Jürgens*

1. Einleitung

»*Unterricht*«? Schon das Wort muss hinterfragt werden! Unterrichten bedeutet dem historisch gewachsenen Sinne nach: belehren, beibringen, Wissen vermitteln, lehren, unterweisen, instruieren, leiten etc. Damit zielt es eindeutig auf die Bestimmung eines Lernenden durch einen Lehrenden, vollzogen u.a. durch eine frontale Ausrichtung der Schüler und die Einteilung des Schultages in »Lektionen«. Vorausgesetzt wird, dass der Lehrende wisse und der Lernende nicht wisse und der Hilfe bedürftig sei. In der Vergangenheit der Schule findet man – bis an die Schwelle zur Gegenwart – tatsächlich viele uninformierte und unwissende Schüler, denen im heutigen Umfang keine Medien zur Informationsbeschaffung verfügbar waren. Primär durch Schule und Lehrer wurde die Welt des Geistes aufgeschlossen.

Das ist heute anders! Den Schülerinnen und Schülern stehen außerhalb der Schulen etliche Informationsquellen offen!

Selbst beim Zusammentreffen sehr junger (6-jähriger) Schüler und sehr schulspezifischer Aufgaben (Lesen- und Schreibenlernen) kann in der Schulrealität keine Rede davon sein, dass bei den Schülern »Tabula rasa«, bei den Lehrer/innen All- oder doch wenigstens Vielwissenheit herrscht!

Hier und anderswo treffen in der Schule keine Unwissenden und Unmündigen auf Wissende und Mündige!

Die Etablierung eines Abhängigkeitsgefälles in der Schule entbehrt also der sachlichen Grundlage, es entspricht zudem nicht den Prinzipien einer demokratischen Gesellschaft, die vom Zusammenleben gleichberechtigter und mündiger Bürger ausgeht.

Lehrer/innen vermitteln also den Schülern kaum mehr die Neuheiten der Welt; sie sind eher – gemeinsam mit den Schülern – Suchende, die in einigen Bereichen einen Vorsprung an Kenntnissen und Techniken oder ein Mehr an Übersicht besitzen, den sie den Schülern zur Verfügung stellen. Deshalb wird es ihre primäre Aufgabe sein, zu moderieren, zu systematisieren, das Wissen zu erklären und beim Ordnen, Verstehen und Auseinandersetzen zu helfen. Schüler sind also keine »belehrten« Objekte des Lernens, sondern – behutsam unterstützt durch Lehrende »neuen Stils« – Lernsubjekte mit eigenen Zielen und Methoden. In diesem Sinne kann F. Peschel sagen: »Nicht-Unterricht ist auch Unterricht« und »die Schüler lernen trotzdem« (vgl. Peschel 1997).

Schülerorientierte Didaktik

Eine dementsprechende *Didaktik* – sie reflektiert die Auswahl und Vermittlung (Methoden, Medien) des Wissens einer Gesellschaft/Kultur an deren nachwachsende Generation – wird ihren Blick also weniger auf die Bedürfnisse der Kultur oder Gesellschaft als vielmehr stärker auf die Schüler richten: auf deren notwendig zu erwerbenden Kenntnisse, Fähigkeiten, Fertigkeiten, Einstellungen und Verhaltensweisen. Diese Idee verlangt Lehrer, die kompetent genug und nicht durch allzu viele Vorgaben eingeschränkt sind, denn sie sollen den jeweiligen Bedürfnissen *ihrer* Schüler entsprechend planen und handeln können.

Schulen können aber nicht an den Bedürfnissen der Gesellschaft vorbei agieren. Sie sind gesellschaftlich getragene Einrichtungen und erfüllen gesellschaftliche Funktionen. Eine Schule »außerhalb« der Gesellschaft würde im Übrigen nicht den Bedürfnissen der Schüler gerecht, die schließlich später dort existieren werden. Lehrer/innen haben also die Aufgabe, schülerorientierten Unterricht so zu gestalten, dass zwischen den Bedürfnissen des Einzelnen und berechtigten gesellschaftlichen Ansprüchen ein Ausgleich hergestellt wird.

Das Problem stellt sich im Grundsatz weniger schwierig als es klingt. Schüler orientieren sich – das zeigen die Jugendstudien (u.a. Shell) – durchaus an Realitäten, sie sind also hinsichtlich ihrer eigenen Interessen für Lernnotwendigkeiten, die ihnen die Gesellschaft auferlegt, offen.

Dennoch beinhaltet die Schülerorientierung der Didaktik – anders als es beim Rückzug hinter staatlich verordnete Curricula der Fall ist – Entscheidungen von Lehrern, für deren Legitimation sie Maßstäbe brauchen. Diese finden sich in den humanen und demokratischen Grundsätzen unserer Gesellschaft sowie im angestrebten Ziel aller Erziehung, nämlich Ethik, Moral und Mündigkeit (vgl. Bennack 1999, S. 34–43) zu erreichen.

Vor die Frage gestellt, aus »pragmatischen« Gründen oder wegen des »common-sense« geringer Begabten, fremdsprachigen oder Asylantenkindern weniger Zeit zu widmen, könnten Lehrer/innen dies gemäß unserem Maßstab nicht legitimieren.

Schülerwünsche an Unterricht

Wie wünschen sich Schüler ihren Unterricht? Kindern, die Schule »spielen«, Regisseuren, die Schulszenen drehen, Erwachsenen, die sich an ihre Schulzeit erinnern, schweben meist eine Schule und ein Unterricht vor, die dem eingangs geschilderten tradierten Bild entsprechen. Lehrer/innen stellen die bestimmenden Figuren des Bildes dar (vgl. Kaiser 1999, S. 6f.). Befragt man aber Schülerinnen und Schüler, wie sie sich einen optimalen Unterricht vorstellen, zeigt sich ein anderes Bild. Kürzlich führte ich mit den Schülern einer 4. Klasse darüber ein Gespräch. Als »Lieblingsthemen« nannten sie etliche Inhalte aus vielen Fächern; die Palette ihrer Interessen erwies sich als recht weit und sie waren offen für Anregungen. Wichtiger als bestimmte Themen war ihnen deren Bezug zu ihrem eigenen Leben, zu ihrer *Person* und *Situation*. Durch einen solchen *Realitätsbezug*, so äußerten sie sinngemäß, wären sie zu *motivieren*!

Die Aussagen von Schülern zu den von ihnen bevorzugten Unterrichtsmethoden beziehen sich schlüssig auf ihre inhaltlichen Präferenzen. Sie wünschen also solche Methoden – und natürlich auch Lehrer/innen –, die ihnen die motivierende Verwirklichung eigener Vorstellungen (»Spaß haben!«) durch *Selbstständigkeit* und *Handeln* (»Selber machen! Probieren! Mitbestimmen!«) (z.B. bei *Exkursionen, Projekt-, Frei-* und *Wochenplanarbeit* – wobei sie auf Erfahrungen zurückgreifen konnten) gestatten. Lehrerhilfe wird bei Schwierigkeiten nicht ausgeschlossen, aber die Schüler wollen »erst selbst ausprobieren können«!

Erwünscht ist das Lernen im Sozialverband, wenngleich die Schüler auch die zeitweise Notwendigkeit eines individuellen Arbeitens sehen (»pauken«!). Vor allem die Hilfe durch Mitschüler wird positiv eingeschätzt. Computer, als Beispiel eines modernen Unterrichtsgegenstandes, stehen bei den Schülern hoch im Kurs (vgl. Mohr 2002).

Und – ganz nebenbei – erfahre ich bei der Befragung, dass Praktikanten einen innovativen Einfluss auf den Unterricht haben können. Sie nämlich trauen sich, neue Unterrichtsformen einmal auszuprobieren und das motiviert die Schüler!

Den Gegensatz bei den Schülern zwischen dem manifesten Bild von Lehrern (beim »Schule spielen«) und ihren geäußerten inhaltlichen und methodischen Präferenzen erkläre ich mir dadurch, dass Schüler Eigenständigkeit beim Lernen durchaus schätzen, dass sie aber andererseits auf Lehrer/innen als Gesprächspartner, Helfer und Ratgeber nicht verzichten wollen. Verantwortungsvolle Lehrer/innen werden – gerade auch angesichts der Zunahme problematischen Familienlebens – diese Partnerrolle spielen; sie werden diese Rolle aber nicht im Sinne eines Dirigismus in Fragen des Lernens missbrauchen!

Lehrer/innen als Partner

Dem *Schulunterricht fehlt* es gegenwärtig an *Anerkennung*. Ihm ist – wie gesagt – die Exklusivität der Welterklärung und Deutung bei den Schülern abhanden gekommen. Zudem befindet sich die Schule mit ihrem Unterricht, weil sie als pädagogische Einrichtung humane und demokratische Maßstäbe anlegen muss, im Widerspruch zwischen ihrer Förderverpflichtung allen Schülern gegenüber einerseits und den hohen Erwartungen der Eltern an die Schule als Karrierebörse sowie ihrer tatsächlichen Auslesefunktion als gesellschaftliche Sozialisations- und Allokationsinstanz andererseits.

Schulunterricht in der Kritik

Kritik äußern die Eltern, weil sie ihre Kinder, seien sie schwach- oder auch hoch begabt, nicht genügend gefördert sehen und viele steuern – gemäß ihren finanziellen Möglichkeiten – dagegen. Mehr als ein Drittel aller Schüler an weiterführenden Schulen erhält Nachhilfe; ca. 20 Prozent gegen Bezahlung (vgl. Kramer/Werner 1998; IWD 1998, 1999)! Die Idee einer Schule, die nach Leistung und Begabung und nicht nach gesellschaftlicher Stellung der Eltern soziale Karrieren ermöglicht, wird – bei allem subjektiven Verständnis – verwässert, wenn Schülerförderung vom Einkommen oder dem eigenen Nachhilfeeinsatz der Eltern abhängt!

Kritik am Schulunterricht bringen auch Lehrer/innen vor, die sich in ihrer unterrichtlichen Vermittlungsfunktion durch sozial nicht angepasste, »unerzogene«, »egozentrische« Schüler zunehmend gestört fühlen und das Versagen der elterlichen »Erziehung« beklagen. Kritik melden die »Abnehmer« der Schule an, besonders die Unternehmer, die immer geringere Basisfertigkeiten (vor allem Rechtschreiben, Grundrechenarten, bürgerliches Rechnen) und fehlende »Allgemeinbildung« beklagen.

Man kann einwenden, dass es solche Klagen von jeher gab und dass die Beschwörung einer unspezifizierten Allgemeinbildung fragwürdig ist. Negieren lassen sich diese Vorwürfe angesichts erdrückender Erfahrungsberichte über vorhandene Defizite aber nicht.

Unterrichts-planung nach schülerorientier-ter Didaktik

Den *Kern und die Darstellungsweise des Buches* machen Vorschläge zur Unterrichtsplanung und -gestaltung aus, orientiert am Schüler und seinen Bedürfnissen, aber vermittelt mit den Ansprüchen aus der Gesellschaft. Wir stellen uns der Frage: Was wollen, sollen und können Schüler in welcher Weise und mit welchen Zielen lernen?

Auf eine Diskussion schultheoretischer Vorstellungen, didaktischer Modelle und anderer wichtiger Grundlagen werden wir angesichts des Bandumfanges verzichten müssen – sie finden sich anderswo (vgl. u.a. von Martial/Bennack 2002) und werden in Literaturempfehlungen am Ende dieses Kapitels genannt.

Didaktische Modelle

Nur kurz, weil entsprechende Wünsche bestehen, soll an dieser Stelle auf »Didaktische Modelle« hingewiesen werden. Didaktische Modelle gehen von der Tatsache aus, dass – ungeachtet der Tatsache, dass Unterricht in seinen Aspekten wissenschaftliche Ergebnisse und Aussagen zu berücksichtigen hat – Leitvorstellungen des Unterrichts aus einer Grundsatzentscheidung des Unterrichtenden resultieren und nicht die eindeutige Folge wissenschaftlicher Reflexion sind.

Neben Modellen, die pädagogisch-programmatische Aussagen repräsentieren (curriculare, kritisch-kommunikative Didaktik), oder die sich an wissenschaftlichen Paradigmen orientieren (experimentelle, systemtheoretische, kybernetische und konstruktivistische Didaktik), kennen wir solche, die bestimmte Aspekte des Unterrichts in den Mittelpunkt rücken. Dazu zählt die in diesem Buch präferierte schülerorientierte Didaktik. Andere, schon etablierte Modelle werden in den Studienseminaren verwendet; zu ihnen haben sich häufig verwendete Vorschläge zur Unterrichtsvorbereitung ausgebildet. Das ist sowohl bei der *bildungstheoretischen* wie bei der *lerntheoretischen Didaktik* der Fall.

Bei der bildungstheoretischen Didaktik rückt der Aspekt der Bildungswirksamkeit der Unterrichtsthemen in den Mittelpunkt. Entsprechend dieser Schwerpunktsetzung wird in diesem Modell den in *didaktischer Analyse* aufgeworfenen Fragen der Exemplarizität, der Gegenwarts- und Zukunftsbedeutung, der Struktur des Unterrichtsinhaltes und adäquater Fälle besondere Bedeutung zugemessen. Als Ergebnis der Untersuchung sollte der Lehrende zu einem begründeten Urteil darüber kommen, ob die Inhalte des Unterrichts für die Schüler einen Bildungsgehalt aufweisen könnten.

Die lerntheoretische Didaktik geht vom Zusammenwirken mehrerer Strukturelemente des Unterrichts aus, deren Einzelheiten zu beachten und in Abhängigkeit von den übrigen bei der Unterrichtsanalyse zu betrachten sowie bei der Unterrichtsplanung zu konzipieren ist. Als Bedingungsfelder werden einerseits soziokulturelle von anthropogenen Voraussetzungen des Unterrichts unterschieden; als Entscheidungsfelder werden dem Lehrenden als Planungsaufgabe: Themen, Intentionen, Methoden und Medien auferlegt (vgl. zu den aufgezeigten Unterrichtsaspekten Kap. 6.2).

Unsere folgenden Aussagen werden sich – als Anregungen zur Reflexion nicht als Rezepte – direkt auf die Planung und Analyse konkreten Unterrichts beziehen.

Die leitende Vorstellung unserer Aussagen ist eine konsequent *schülerorientierte Didaktik*. Maßstab unseres antizipierten Handelns ist der Schüler, verstanden als Ganzheit (Körper, Geist, Gefühl), als Individuum, Sozialwesen und Gesellschafts- respektive Kulturmitglied. Alle didaktischen Intentionen (Ziele, Inhalte, Methoden) richten sich am Wohl dieses Schülers (definiert durch die Ziele des Unterrichts und der Erziehung, vgl. Kap. 2) aus!

In der Vergangenheit wurde die Didaktik weniger von diesen als von den folgenden Prämissen bestimmt und zwar durch

- eine primär kulturelle Orientierung der Schule, z.B. als klassische Bildung oder – heute – als Konzentration auf die Entwicklung und/oder Revision von Curricula;
- einen strikten Gesellschaftsbezug der Schule, gekennzeichnet durch gesellschaftlich erwünschte Qualifikationen und Lernziele;
- einen methodisch-organisatorischen Didaktikansatz in der (unpolitischen) Tradition der Reformpädagogik und
- einen funktionellen Ansatz mit dem Ziel humanistischer Interaktion bei der »kommunikativen« Didaktik.

Schülerorientierte Didaktik erfordert auf der Basis der Schülerbedürfnisse und -förderung ein Nachdenken über die Notwendigkeiten eines die Selbstorganisation des Schülerlernens initiierenden Unterrichts.

Maßstäbe schülerorientierter Didaktik

Prämissen der Didaktik

Dem entsprechen die »Ziele des Unterrichts« (vgl. Kap. 2) und die »Grundlagen der Unterrichtsgestaltung« (vgl. Kap. 4). Daraus abgeleitet werden »Lehr- und Lernmethoden« (vgl. Kap. 5), die »Planung schulischen Lehrens und Lernens« (vgl. Kap. 6) »Planungsbeispiele« (vgl. Kap. 7) und Gesichtspunkte der »Lehr- und Lernanalyse« samt – wichtig für Prüfer und Geprüfte! – Bewertungsmerkmalen (vgl. Kap. 8). Den Planungs- und Analysekapiteln werden Aspekte der »Bedingungen des Lehrens und Lernens in der Schule« (vgl. Kap. 3) vorangestellt.

Praktikant/innen, Referendar/innen, Mentor/innen, Seminar- und Fachleiter/innen und Dozent/innen erhalten mit diesem Buch eine Übersicht über Aspekte der Planung, der Gestaltung und der Bewertung von Unterricht.

Zusammenfassung

Dieses Buch stellt den Schüler alleine in den Mittelpunkt didaktischer Erörterungen; es repräsentiert eine konsequent *schülerorientierte Didaktik*.

Von »Unterricht« im herkömmlichen Sinn kann nicht mehr die Rede sein! Schüler werden in der Schule weiterhin Neues erfahren; mehr noch aber wird die Schule vielfältig erhaltene Informationen ordnen, vor allem wird sie die Schüler zum Selbstlernen anregen und anleiten müssen.

Selbstständiges und handelndes Lernen im Sozialverband, durchgeführt an schüler- und realitätsnah gestellten Aufgaben, motiviert zum Selbstlernen und verringert den Gegensatz zwischen gesellschaftlichen Erfordernissen, denen sich die Schüler übrigens durchaus stellen wollen, einerseits und ihren eigenen Bedürfnissen andererseits.

Leseempfehlungen

Schul- und Unterrichtstheorie
von Martial, I./Bennack, J. (2002): Einführung in schulpraktische Studien. 2. und 3. Kapitel.

Schülerorientierte Didaktik
Bönsch, M. (2000b): Praxishandbuch Gute Schule. Baltmannsweiler. 2., 4. und 5. Kapitel.
Kaiser, A. (1999): Anders lehren und lernen. Ein Übungskurs für emotional fundierte Lehrkompetenz. Baltmannsweiler. 1. bis 5. Kapitel.

Didaktische Modelle
von Martial, I. (1996): Einführung in didaktische Modelle. Baltmannsweiler.

Allgemeine Informationen
Keck, R.W./Sandfuchs, U. (1994): Wörterbuch Schulpädagogik. Bad Heilbrunn.

2. Ziele des Schulunterrichts

Bildung ist das Ziel jedes Schulunterrichts! Aus heutiger Sicht meint Bildung: Schülerinnen und Schülern soll ein bestimmtes – aktuelles, exemplarisches, zukunftsweisendes und Wissensbereiche aufschließendes (also auch methodisches) – Wissen vermittelt werden. Es soll dazu beitragen, die Persönlichkeit der Schüler zu stärken und ihre Kompetenz zur Umweltbewältigung, zu sozialer und politischer Verantwortung erhöhen.

Bildung

Die *Ziele* des Schulunterrichts in einer *schülerorientierten Didaktik* leiten sich von den ganzheitlich begründeten Bedürfnissen der Schüler/innen als Individuen und soziale Wesen ab, die – auch aus konstruktivistischer Sicht – auf Austausch und Kommunikation angewiesen sind. Ihr »Wohl« ist unsere (pädagogisch unverzichtbare) leitende didaktische Maxime!

Zielsetzungen des Unterrichts

Unsere Zielfragen lauten:
- Was muss ein Schüler am Ende der Schulzeit wissen und können?
- Welche Ziele sind als Einstellungen, Eigenschaften und Verhaltensweisen bei Schüler/innen zu intendieren?

Klafki nennt als anzustrebende *Basisqualifikationen*:
- »kognitisch-kritische Erkenntnisfähigkeit,
- handwerklich-praktische Produktivität,
- zwischenmenschliche Beziehungsfähigkeit,
- emotional-intuitive Wahrnehmungsfähigkeit,
- ästhetische Wahrnehmungs-, Gestaltungs-, und Urteilsfähigkeit,
- ethische Entscheidungs- und Handlungsfähigkeit«
(Kaiser 1999, S. 143).

Basis-qualifikationen

Die Wirtschaft, ein immerhin wichtiger »Abnehmer« der Schule, nennt die Eigenschaften (sie sind der Erkenntnis- wie der Beziehungsfähigkeit Klafkis zuzuordnen):
- aufgeschlossen,
- selbstkritisch,
- (im Rahmen der Arbeit) selbstständig,
- teamfähig,
- kommunikativ,
- kritisch,

sowie als »Arbeitstugenden«:
- leistungs- und lernbereit,
- sorgfältig,
- verlässlich,
- ausdauernd,
- konzentriert,
- verantwortungsvoll

(vgl. Schlaffke 1999, S. 7).

Weil die Schule nicht nur dem Berufs-, sondern auch dem Privat- und Politikleben der Schüler verpflichtet ist, sind aus unserer Sicht Anteilnahme, Unterstützung und Interesse an anderen Personen und Sachverhalten sowie die Entwicklung eigener Interessen hinzuzufügen.

Basiswissen Als Grundlagen- bzw. *Basiswissen*, das sicher verfügbar sein soll und dessen Einübung wiederum das Gedächtnis schult (vgl. Kap. 3.1; 3.4), können gelten:

- »Das Verfassen einfacher Texte mit korrekter Rechtschreibung und Grammatik«,
- Sinnentnehmendes Lesen von Alltagstexten (Zeitungen),
- »Das Beherrschen der vier Grundrechenarten« z.T. auch Schluss-, Prozent-, Zinsrechnung,
- »Die Sicherheit im Umgang mit Maßeinheiten sowie Flächen- und Volumenberechnungen«, also »Grundkenntnisse in Geometrie«,
- »Grundlegende naturwissenschaftliche Kenntnisse«,
- Grundkenntnisse im Umgang mit dem PC,
- Kenntnisse wirtschaftlicher und gesellschaftlicher Zusammenhänge,
- »Grundkenntnisse in Englisch« (Schlaffke 1999, S. 7) – möglichst bereits ab dem ersten Schuljahr (vgl. Kap. 3.2), sowie evtl.
- Mediengestaltung und Medienkritik.

Weitere Wissensbestände werden nicht einhellig genannt und ihre Allgemeingültigkeit, also auch eine inhaltlich fassbare »Allgemeinbildung«, bleibt unbestimmt (vgl. Thiemann 1977). Einigkeit bei den Experten hinsichtlich des erweiterten Kanons besteht in der Forderung eines allgemeinen Wissensbestandes in Natur und Technik, Geschichte und Politik, Wirtschaft und weiteren Sprachen (vgl. Zentrum OECD 1997; vgl. IWD August 1999). Metzig und Schuster (vgl. Kap. 3.4) weisen darauf hin, dass in begrenzten Bereichen vom Schüler Expertentum angestrebt werden sollte. Die über die Basis hinausreichenden Qualifikationen werden desto höher und spezifischer angesetzt, je besser die über den Schulabschluss erreichbare gesellschaftliche Position ist.

Neben Basiswissen und Basisqualifikationen wird schulischer Unterricht jedem Schüler differenziert die Entfaltung von *ergänzendem Expertenwissen und -können* ermöglichen müssen. Über gesicherte Grundlagen hinaus können gemäß der schülerorientierten Didaktik individuell bestimmte Wissensbestände, Eigenschaften und Verhaltensweisen hinzuerworben werden. Diese ergänzenden und von den Schülern selbstbestimmten Unterrichtsthemen wären in dem Sinne anzuregen, dass ein entscheidendes Defizit heutigen Schulunterrichts auszugleichen wäre. Danach »wird zu wenig problemorientiertes Lernen in den Unterricht eingebunden. Es fehlen Phasen, in denen komplexe, realitätsnahe und vor allem auch interessante Probleme gestellt werden, die die Lernenden motivieren, sich bestimmte Kenntnisse anzueignen« (DFG 1996, S. 8). Es fehlen dem schulisch vermittelten Lehrkanon gegenwärtig kreative, kritische und experimentelle Elemente; er stellt die Welt zu eindeutig und statisch, zu wenig ambivalent, ungewiss und nicht genug mehrperspektivisch dar (vgl. Kap. 3.4).

Expertenwissen und -können

> Die Fachkonferenzen der Schule sollten die jeweiligen und verbindlichen Basiskenntnisse festlegen; die allerdings sollten – weil die notwendigen selbstbestimmten Lernphasen sonst zu wenig Raum und Zeit erhalten – einschließlich ihrer Festigung nicht mehr als etwa 30–50 Prozent der veranschlagten Unterrichtszeit beanspruchen!
>
> Die Fachkonferenzen sollten Überlegungen über schul- und umgebungsentsprechende Inhalte des freien Lernbereiches anstellen, den man den Schülerinnen und Schülern anbieten könnte!

Gemäß dieser Argumentation müsste die curriculare Festlegung des Schulunterrichts radikal neu gesehen werden. Mit dem Ziel, den Schülern individuelle Lernfreiräume anzubieten, wäre ein verbindliches Basiswissen (im Sinne des obigen Kataloges) einerseits festzulegen, ihm aber andererseits nur ein Teil der gesamten Schulunterrichtszeit zuzugestehen.

Warum gegenwärtig Schulcurricula überfrachtet sind und den hier geforderten Freiraum nicht genügend einräumen, liegt in der weitgehend fachlichen Curriculumkonstruktion begründet. Jedes Fach fordert – aus seiner »egoistisch« isolierten Sicht meist durchaus schlüssig hergeleitet – einen relativ großen Wissensbestand vom Schulunterricht, der insgesamt zur Stofffülle und zur Verminderung von selbstinitiiertem, entdeckendem Lernen der Schüler insgesamt wie auch in den einzelnen Schulfächern führt, wie es für eine schülerorientierte Didaktik unerlässlich ist.

Generelle Ziel des Schulunterrichts

Als generelle *Ziele des Schulunterrichts* ergeben sich aus dem Gesagten die

- »Förderung des Lernens«
  - durch Basiswissen, -qualifikationen und deren individuelle Ergänzung
  - sowie durch Selbstlernkompetenz, d.h. Werten, Wählen und Analysieren können, Lerntechniken beherrschen.
  Einstellungen, wie Selbstständigkeit und Sachlichkeit erscheinen hierzu als Grundlagen des Lernens unerlässlich.
- »Förderung des Individuums«
  als Stärkung der Ich-Identität durch Selbstständigkeit, mehrperspektivische Bildung (vgl. Bennack 1994), Rationalität, Motivierung, Neugier und Einsicht in Gefährdungen, z.B. der Gesundheit (vgl. Niebaum 2001; Kap. 3.5).
- »Förderung des Sozialverhaltens«
  durch Mitverantwortung, Mitmenschlichkeit, Fairness, Toleranz, Freundlichkeit, Offenheit, Zusammenarbeit mit geringem Egoismus, soziale Geschicklichkeit (vgl. Bennack 1999, Kap. 5, 7; 3.5).

Zusammenfassung

Schüler sollten in der Schule Grundkenntnisse und -fähigkeiten erwerben.
- Lernvermögen,
- Persönlichkeit und
- Sozialverhalten sollen gefördert werden.

Sie sollen
- sozial und sachlich kompetent, sowie
- innovativ und kreativ agieren,
- kritisch und selbstkritisch nachdenken.

Leseempfehlungen

Schulerziehung
Bennack, J. (1999): Schulproblem: Erziehung – Grundlagen, Beispiele, Lösungen. Neuwied.

Schulziele
Konrad, K./Wagner, A. (1999): Lernstrategien für Kinder. Baltmannsweiler.
Serve, H.J. (Hrsg.) (2000): Kreativitätsförderung. Baltmannsweiler.

3. Bedingungen des Lehrens und Lernens in der Schule

Lernen ist ein zentraler Begriff unseres Konzeptes. *Martin Schuster* und *Werner Metzig* erklären ihn (3.1–3.6).

3.1 Was ist Lernen?

Trotz umfangreicher definitorischer Bemühungen ist bislang keine befriedigende wissenschaftliche Umschreibung für Lernen zustande gekommen. Einmal ging man zu sehr von eigenen Theorien aus, z.B. in der behavioristischen Definition von Hilgard (1966, sinngemäß): »Lernen ist jede Verhaltensänderung, die nicht durch Reifung oder Ermüdung zustande gekommen ist«. Dabei übersieht man – neben vielem Anderen – völlig, dass Verhaltensänderungen z.B. auch durch Denken (Einsicht) zustande kommen können, zwischen Denken und Lernen also in der Definition kein Unterschied gemacht wird. Auf der anderen Seite wird Lernen auch in der wissenschaftlichen Psychologie zu stark umgangssprachlich aufgefasst, z.B. wenn Monografien mit dem Titel »Lernstörungen« erwartungswidrig niedrige Schulleistungen behandeln.

Begriff: Lernen

Lernen, als das Sich-Merken der Vergangenheit ist wohl eine selbstverständliche Sache: Das willkürliche Lernen ist es, das Schwierigkeiten macht und dem Sprachschöpfer ein Wort abnötigt. So wird Lernen nun auch in der Psychologie gebraucht, es bezeichnet weniger das Sich-Merken der Ereignisse des Tages als das absichtliche Einprägen in einem allgemein pädagogisch-didaktischen Kontext.

In der Umgangssprache meint man mit »Lernen« auch »an der Erfahrung lernen«, Überzeugungen und Einstellungen verändern (vgl. Kap. 1 »*Wissen*«/»*Qualifikationen*«). Erst die Informationswissenschaft stellt das Begriffssystem zur Verfügung, das den Prozess Lernen in einer gewissen Allgemeinheit zu erfassen erlaubt, es handelt sich nämlich um die Einspeicherung, das Erhalten und das Abrufen von Information. Man sieht, hier sind eine Vielzahl von Prozessen beteiligt. Das monolithische »Lernen« spaltet sich auf und wird nur noch zum Sammelbegriff für das Ergebnis eines komplexen Informationsverarbeitungsprozesses, der zudem noch für verschiedene Inhalte unterschiedlichen Regeln unterliegen kann (z.B. Lernen von Text vs. Lernen von Bewegung, Auswendiglernen und sinngemäßes Lernen).

Lerntechniken Indem Lernen nicht nur automatischer Begleitprozess des Erlebnisstroms ist, sondern auch willkürlich eingesetzt werden muss, wird es abhängig von kulturellen Techniken und Erfahrungen, aber auch von kulturellen Forderungen. Ägyptische und chinesische Schreiber merkten/merken sich zahlreiche Zeichen; Stämme, die ihre Epen mündlich weitergeben, zeigen erstaunliche Gedächtnisleistungen für kulturell bedeutsame Inhalte (vgl. Oerter 1988). Komplexität wird auf diesem Gebiet durch Alphabete reduziert.

Gedächtnis Die berühmten Mnemotechniken (Gedächtnistricks) datieren in die Zeit der Griechen zurück. Die Forderung war, eine Rede aus dem Gedächtnis heraus frei zu halten: Die Technik erlaubt das Speichern der Gliederungen der Rede im Kopf. Der mittelalterliche Gelehrte verwendete diese Techniken, um sich Zitate der alten antiken Wissenschaftler zu merken. Er baute im Kopf Häuser mit Wohnungen. In jeder Wohnung wird ein Zitat aufbewahrt. Es gibt dann imaginäre Straßen und ganze imaginäre Städte im Kopf des Gelehrten mit dem gesamtem antiken Wissensbestand des Mittelalters (Carruthers 1990). Schon seinerzeit gab es Kritik an der unverarbeiteten, mechanischen Verfügbarkeit solchen Wissens. Daher – und auch wegen der leichteren Verfügbarkeit externer Speicher, z.B. der Bücher – gerieten diese Techniken in Vergessenheit und wurden von Yates für die Psychologie erst 1966 wieder entdeckt.

So musste der Kommunionsschüler späterer Jahrhunderte darauf vertrauen, dass der Herr es den Seinen im Schlafe gibt. Er sollte sich den Katechismus unter das Kopfkissen legen.

Ein anderes Kriterium unterschiedlicher Gedächtnisbelastung sind die durchschnittlichen Satzlängen einer Kultur. Man muss im Zuhören eine Menge Wörter speichern, bis sich der Sinn des Satzes durch das letzte Wort ergibt. Je länger die Sätze einer Kultur, um so mehr Wörter muss der Sprecher und Hörer im Kurzzeitspeicher halten. Dessen Kapazität wird sich dieser Anforderung anpassen. Dies können wir mit Sicherheit für historische Kulturen vermuten, weil auch heute weniger differenzierte Kulturen ein Kurzzeitgedächtnis geringerer Kapazität aufbauen. Dieser Kapazitätsmangel des Kurzzeitspeichers war die überraschende Erklärung dafür, dass manche weniger differenzierte Kulturen schlechter in den Aufgaben zur operationalen Intelligenz nach Piaget abschneiden.

Lerntraining Einige empirische Untersuchungen belegen, dass eingeschulte im Vergleich zu gleichaltrigen nichteingeschulten Kindern eine ansteigende Gedächtnisleistung aufweisen. Erst die Anforderung bildet das Gedächtnis aus. Studien zeigen, dass spezielles Lerntraining, z.B. mit dem Lernmaterial Ziffernfolgen, die Lernfähigkeit dramatisch verbessern kann (Ericcson u.a. 1980). Versuchspersonen, die in einem ersten Lernversuch in einer vorgegebenen Zeit nur acht Ziffern lernen konnten, steigerten diese Leistung nach einem intensiven Training auf 200 Ziffern.

Selbst grundlegende kognitive Funktionen sind nicht so festgelegt, wie man glauben möchte. Allgemein gilt es als unmöglich, zwei Gesprächen gleichzeitig zuzuhören. Mit einem entsprechend langen und intensiven Training konnten aber Spelke u.a. (1976) erreichen, dass eine Versuchsperson einem Gespräch zuhören und gleichzeitig einen diktierten Text niederschreiben kann.

Fast alle Kulturen haben eine »Geschichtenpädagogik« entwickelt. **Lernkultur** Grundlegende Überzeugungen werden bereits dem Kind und den weniger erzogenen Volksschichten durch biblische Geschichten, Märchen und Sagen vermittelt. Das Mittelalter kannte so genannte Warnlegenden, die die schädlichen Folgen allzu sittenlosen Lebenswandels jedermann vor Augen führen (gegen das Tanzen z.B.: Seinerzeit sei die Brücke von Avignon eingestürzt, als der Teufel sich unter eine Gruppe Menschen mischte, die zu wild tanzten, und 300 seien zu Tode gekommen). Heute sind solche pädagogischen Bemühungen in der kulturellen Produktion auch in der Werbung allenthalben festzustellen. Die Zahl der »Geschichten« und Metaphern wächst ins Unermessliche, sodass eine gemeinsame Geschichtenwelt, die Menschen der Zeit – wie damals die biblischen Geschichten – auf einen gemeinsamen Wertekonsens festlegt, zu verschwinden beginnt.

Aus all diesem also wird deutlich, dass Lernen und Gedächtnis aber auch Lernfähigkeit und Lernprozesse historisch-kulturelle Sachverhalte sind, die eine Geschichte haben und die daher natürlich auch eine Zukunft haben können.

3.2 Die anthropologische Konstante

Dennoch gibt es allgemeine Regeln und Gesetze des Lernens, auf die eine Kultur sich einstellen muss. Es gibt z.B. sensible Phasen für das Sprachenlernen. Neue Forschungen zur Zweisprachigkeit scheinen zu zeigen, dass in der frühen Kindheit auch zwei Muttersprachen mühelos erlernbar sind, ohne dass Nachteile in der Sprachkompetenz in einer dieser Sprachen in Kauf zu nehmen wären. Vielleicht könnten dies in einem globalen Dorf »Erde« die jeweilige Landessprache und die Weltsprache Englisch sein. Der Englischunterricht sollte aber spätestens ab dem 1. Schuljahr einsetzen, um der sensiblen Phase des Spracherwerbs möglichst nahe zu kommen (vgl. Kap. 2 »*Basisqualifikationen*«).

Alle Kulturen haben die Unterweisung in den wichtigen Kulturtech- **Lernalter** niken in Kindheit und Jugend gelegt, um die Lernbereitschaft (aber auch »Umstellungsbereitschaft«, s.o.) dieser Entwicklungsphasen auszunutzen (Redensart: Was Hänschen nicht lernt, lernt Hans nimmermehr). Dabei setzten die traditionellen Unterweisungstechniken gewisse Altersgrenzen, z.B. dass Kinder ohne Elternmitwirkung aufmerksam sind. Computerunterricht hebt diese Grenzen u.U. auf, wenn Zweijährige mit altersgemäßen Computerprogrammen schon ein Grundvokabular in Englisch aufbauen könnten.

In der Jugendphase werden Werte und Normen aufgebaut; der Jugendliche sucht eine Identifikation. In dieser Zeit also spätestens müssten ihm die wichtigen und für richtig erkannten Werte der Kultur geschichtlich und philosophisch begründet werden, damit sich eine Moralität im Sinne Kohlbergs 4. Stufe entwickeln kann (vgl. Kap. 2 »*Verhaltensweisen*«, »*Förderung des Sozialverhaltens*«). Lässt man diese Phase verstreichen, bilden sich Subkulturen bis hin zu gesellschaftsfeindlichen Gruppen. Möglicherweise ist das Alter eine Zeit autobiografischer Reminiszenzen. In der gedächtnispsychologischen Autobiografie berichtet Salaman (1982), wie vom Alter von ca. 50 Jahren an plötzlich Reminiszenzen frühester Ereignisse auftauchten.

3.3 Was bewirkt die historische Veränderung?

Lernpraxis

Der Mensch ist sowohl Schöpfer wie Geschöpf der Kultur; er schafft sich in gewissen Grenzen selbst und findet Erziehungs- sowie Selbstkontrollanstrengungen, Verhaltensregeln und Sanktionen, z.B. in den Verhaltensbereichen Sexualität, Ernährung, Hygiene und beim Lernen. Was man über Lernen denkt, wird die kulturellen Lerninstitutionen bestimmen. Zum Beispiel waren als »Lern-Agens« einige Zeit Drill und Wiederholung aktuell. Das bestimmte die Lernpraxis. Sicher hat es diese negativen und im Wesentlichen durch (Prügel-)Strafen gekennzeichnete Lernpraxis gemildert, als man an Belohnung als entscheidende Ursache des Lernens dachte und entsprechende Lernumgebungen konstruierte, wie z.B. das programmierte Lernen. Dennoch ließ man den Lernenden seinerzeit über das Wie und Warum des Lernens im Dunklen. Entweder man kann es und hat Erfolg oder man kann es nicht. Die pädagogischen Anstrengungen zur Gestaltung des Stoffes beschränkten sich darauf, ihn in kleine Portionen aufzuspalten, damit viele Belohnungen gegeben werden konnten. Das »Mastery Learning« begegnet der Tatsache, dass nun nicht alle Lernenden gleich gut sind: Man muss den Stoff eben in Schritte aufteilen, die aufeinander aufbauen. Erst wenn das basalere Element gelernt ist, kann man zum nächsten Element fortschreiten. Die »Lernschwierigkeit« wird aus der Sicht dieser Theorie zur Frage der Lernzeit.

Didaktik des Lernens

Heute versteht man die Grundlage des Lernens breiter: Es ist die emotionale Beteiligung, die man durch (erhebliche) Strafe und Belohnung, aber auch durch andere pädagogische Maßnahmen erreicht, die das Lernen im Grunde bewirkt. Eine neue Sicht auf interne kognitive Prozesse ermöglicht aber auch, Lernanforderungen an die Psychologie des Lernens anzupassen. Zum Beispiel zeigte sich, dass intelligente und weniger intelligente Lerner/innen und Lernen gleichermaßen von der Verständlichkeit des Textes profitieren (vgl. Kap. 4.1 »*Elementarisierung*«). Mindmaps legen heutzutage Gliederungsmängel von Texten gnadenlos offen.

Die Denkweise der Zeit über Lernen und Gedächtnis wird – in Ermangelung eines genaueren Wissens – ganz wesentlich auch von Denkmodellen bestimmt.

Denkmodelle zum Lernen

Die antike Philosophie liefert hier Tafel und Magazin (Bibliothek) als Denkmodelle an, von der die empirische psychologische Forschung ausgehen konnte. Das Gedächtnis als »Magen der Seele« bezieht sich undifferenzierter auf den gesamten kognitiven Apparat.

Wie in vielen Gegenständen hatte die Antike allerdings auch schon sehr elaborierte Modelle der Gedächtnistätigkeit. Das Gedächtnis wurde mit einer Vogelvoliere verglichen. Die Vögel sind die Gedächtnisinhalte. Einige sieht man, andere sind gerade versteckt, obwohl auch sie vorhanden und wieder abrufbar sind. Herrmann u.a. (1988) stellen die Frage, ob 100 Jahre empirische Psychologie gegenüber dem Denken der Antike überhaupt einen Fortschritt erbracht haben (vgl. auch Schuster 1990).

In der jungen Psychologie kann man über die Korrespondenz von Technikgeschichte und Modellentwicklung staunen (Assmann 1999).

In der klassischen Konditionierung entstand früh das Modell einer Steckverbindung (zwischen Reiz und Reaktion, vgl. Pawlow). Der Behaviorismus verwandte das Modell der »Verbindungsstärke«, später dachte man sich Computer-Analogien aus (Dreispeichermodell). Heute können wir auf das weitgehend gültige Dreispeichermodell zurückgreifen: Man unterscheidet einen sensorischen Pufferspeicher, der viele Informationen ganz kurz erhält, einen Kurzzeitspeicher, der als »Arbeitsspeicher« weitgehend dem aktuellen Bewusstsein gleichzusetzen ist, und einen Langzeitspeicher, der das gesamte Wissen von der Welt aufbewahrt. Die bisher genannten kulturellen Forderungen belasten den Langzeitspeicher.

Neueste konnektionistische Modelle (die auf Hebb zurück gehen) können das Herabströmen von Wasser über einen sandigen Abhang zum Modell für das Eingraben von Erinnerungsspuren und für deren Verfall durch Neueinträge nehmen. Aus der Psychotherapie und der Literatur (vgl. Assmann 1999) kommen andere Modelle des autobiografischen Gedächtnisses. Dort liegen die vielen Bilder der Erinnerung in der Art einer belichteten fotografischen Platte vor, aber nur einige werden im Bewusstsein zu einem Bild »entwickelt«.

Sicher stehen Lernforderungen auch in einem politischen Kontext. Der Wettbewerb der Nationen wird die Forderungen an den Einzelnen erhöhen und das Augenmerk auf Kreativität richten (was das ist, wissen allerdings die meisten Psychologen und Pädagogen nicht). Das Volk ist

Lernen und Gesellschaft

der Souverän und will seine Kinder gut behandelt sehen. Zu hohe Anforderungen mindern im gegebenen Fall die Wahlchancen einer Partei. So galten z.b. die Anforderungen an die Lernbereitschaft von Schülern und Studenten in den sozialistischen Ländern als höher. Dafür war dort aber auch die Bereitschaft, den Lernstoff an menschliche Lernprozesse anzupassen, geringer.

3.4 Was sind die zukünftigen Anforderungen?

Lern-anforderungen

Eine Umfrage bei den Kultusministern der deutschen Bundesländer durch die Zeitschrift »Psychologie heute« (August 1999, Nr. 26, S. 60–64) zum Thema »Zukünftige Lernanforderungen« erbringt doch nur eine Fixierung auf gegenwärtige Probleme: Es wird erwähnt, dass ja Wissen jederzeit zugänglich sei (man denkt an das Internet) und daher Wissenspauken weniger nötig. Man brauche dagegen soziale Geschicklichkeiten, z.B. Fähigkeiten in Konfliktlösung (interkulturelles Lernen) und Teamfähigkeit, Sprachkenntnisse und Kenntnisse über moderne Computer und Kommunikationsmedien. Diese ändern sich schnell und werden immer benutzerfreundlicher, hier wird es eher ein »learning by doing« geben, die Forderung an Lernen von zunächst sinnlosem Stoff wird reduziert! Auch die Bereitschaft, Neues zu wagen, und Kreativität werden erwähnt sowie Eigeninitiative und die Notwendigkeit, lebenslang zu lernen. Natürlich: Lesen, Schreiben und Rechnen bzw. Mathematik, das soll weiterhin gelernt werden (vgl. Kap. 2)!

Gerade gegenüber der zukünftigen Anforderung ist man dabei ein wenig naiv. Werden wir z.B. bald über sehr effiziente Übersetzungsprogramme verfügen und wird Englisch vielleicht die einzige Wissenschafts- und Weltsprache sein, sodass gute Englisch-Kompetenz überall genügt?

Wissen vs. Lernkompetenz

Die Aussage, man könne sich Wissen beschaffen und daher gehe es nicht um Wissenserwerb, sondern um Lernkompetenz, erscheint ebenfalls durchaus naiv. Man konnte sich Wissen schon immer beschaffen, z.B. medizinisches Wissen, und dennoch wird man niemanden zur Selbstdiagnose ermutigen. Die Folge einer schnellen Wissensbeschaffung sieht man häufig in Wissenschaftssendungen im Fernsehen, wo der Experte leider feststellen muss, dass fast jede Aussage entweder falsch oder ungenau ist, dass der Journalist eben nicht das Hintergrundwissen über Terminologie oder Methoden des Faches hatte (und nicht haben konnte), um zu korrekten Aussagen zu gelangen.

Es braucht bei wachsenden Wissensmengen und beachtlichem Wissenszuwachs in engen Bereichen eben Experten, die spezifisches und umfangreiches Wissen in einem Bereich besitzen und daher auch das neue Wissen schnell und effizient abspeichern können. So etwas lässt sich nur mit interesse-orientiertem Lernen schaffen. Auch war bisher der effizienteste Weg »Expertenlernen« zu erzeugen, den Lerner zum Experten zu machen. Hier gibt es keinen Kompetenzerwerb ohne Inhalt. Der Lernende muss ergänzend zu einer Basis in einigen Inhaltsbereichen zum Experten werden, schon um die Kompetenz zu erwerben, sich auch in anderen Bereichen einarbeiten zu können (Chi u.a. 1988; vgl. Kap. 4.1).

3.5 Neue Perspektiven

Eine neue Sicht des Lernens: der systemisch-konstruktivistische Ansatz. Angestoßen durch Erkenntnisse der Kybernetik, Neurobiologie und philosophisch-erkenntnistheoretische Reflexionen des »Radikalen Konstruktivismus« lässt sich das Phänomen »Lernen« auf eine andere als die traditionelle Sichtweise konstruieren. Allerdings kann man immer nur eine Wahrnehmung zu einem bestimmten Zeitpunkt haben, andere Interpretationen müssen dann in den Hintergrund treten. Unser traditionelles Denken über das Lernen ist die Idee einer realen Welt oder Wirklichkeit, die nicht zufälligen Gesetzmäßigkeiten gehorcht und die mit Hilfe unserer Sinne und unseres Denkens erkannt werden kann. Hat das Individuum diese Erkenntnis, kann es Voraussagen über künftige Ereignisse machen und sich damit optimal an die Welt anpassen. Diese Grundannahmen führen zu entscheidenden Konsequenzen hinsichtlich unseres Denkens: Es wird wiederum deutlich, dass es für Probleme nicht nur eine richtige Lösung gibt. Daraus ergibt sich weiter, dass es keine »Fakten« gibt, die unabhängig von der Situation und dem Beobachter gültig sind.

> **Lernen –
> konstruktivistisch**

Das Erlernen einer Fremdsprache mag günstig sein; für einen USA-Aufenthalt gebietet die Situation das Englische, weniger eine andere Sprache! Lösungen gelten also immer nur für einen bestimmten Kontext.

Langer (1999) führt zahlreiche andere Beispiele an. Sie kritisiert es als einen Fehler, Grundfertigkeiten nurmehr automatisiert (d.h. dekontextualisiert) ablaufen zu lassen, z.B. gewohntes kräftiges Bremsen eines Autos auch bei Glatteis. Wir haben erfahren, wie mit der politischen Änderung in Ostdeutschland »Wahrheiten« an Bedeutung verloren (s.u. »Umlernen«).

Aus diesen Überlegungen und Beobachtungen heraus wird Lernen (und Lehren) aus konstruktivistischer Sicht neu »erfunden«. Die konstruktivistische Position wird von Reich (1996, S. 267) treffend zusammengefasst: »In der Behauptung der Konstruktion von Wirklichkeiten ist eingeschlossen, dass solche Konstruktionen jeweils zeitgebunden sind, von den spezifischen Beobachtern und deren Verständigungsgemeinschaft abhängen, dass sie keine ewigen Wahrheiten festschreiben können, dass sie allen Beobachtern hinreichend Chancen an der Wirklichkeitskonstruktion bieten sollten.« Während Wissenschaft Erkenntnis von Regelhaftigkeiten und damit Komplexitätsreduktion anstrebt, wird hier zunächst für Komplexitätssteigerung, auch im Sinne einer Offenheit vieler Lerninhalte für Schüler (vgl. Kap. 2) plädiert.

Es ist einsichtig, dass eine solche Sichtweise von Lernen auf Widerstände bei Bürokraten und konservativen Denkern stoßen muss und als Beschränkung obrigkeitsstaatlicher (primär) curricularer Machtausübung empfunden wird. Der scheinbar »sichere Boden« dessen, was als richtig und falsch bewertet werden kann, wird hier verlassen, und Lernende sowie Lehrende müssen Ambivalenzen aushalten, Illusionen der Planbarkeit und Machbarkeit von Zukunft an vielen Stellen aufgeben. Es sind viele Sichtweisen, Lösungen bzw. Wirklichkeiten möglich und diese Wirklichkeiten unterliegen dazu noch ständigen Veränderungsprozessen.

Welcher Gewinn liegt in dieser Sichtweise des Lernens und wie sollte der Lernprozess komplexitätssteigernd gestaltet werden? Beides wird nun exemplarisch am Beispiel des Lernmodells der kognitiven Psychologie illustriert:

Lernanalogie »Computer« Wenn heute die kognitive Psychologie sich der Analogie des Computers bedient und Lernen als Einspeichern, Erhalten und Abrufen von Information ansieht (s.o.), ist dies gegenüber den behavioristischen Modellen ein erheblicher Fortschritt, andererseits eine sehr starke Vereinfachung des komplexen Phänomens »Lernen«. Aus konstruktivistischer Perspektive wäre zu wünschen, dass Studierenden bewusst wird, dass es sich hier um ein Modell handelt, das – geboren aus einer Zeitströmung – nur bestimmte Aspekte erfasst und andere vernachlässigt. Der »konstruktivistische Lehrer« räumt dem Zweifel bei sich und den Studierenden eine hohe Wertschätzung ein und versucht ihn zu erzeugen, indem **Perspektivität** er Fragen stellt, die Perspektiven erweitern oder wechselt und damit Komplexität steigert. Zum Beispiel: Gibt es einen Unterschied beim Lernen aus Büchern oder mit dem Computer? – wodurch hier motivationspsychologische Aspekte eingeführt werden. Untersuchungen zeigen auch, dass Informationen besser verstanden und reproduziert werden können, wenn ein Text z.B. aus verschiedenen Perspektiven gelesen wird, so etwa, wenn die Beschreibung eines Hauses und seiner Einrichtung einmal aus der Perspektive eines Versicherungsvertreters, ein anderes Mal aus der Perspektive eines Einbrechers oder eines gehbehinderten Menschen gelernt wird oder wenn an Hand bedingter (»dürfte«, »könnte«) statt unbedingter (»ist«, »kann«) Textformulierungen gelernt wird (Bodner u.a., zitiert nach Langer 1999). Eine konditionale Formulierung verweist implizit darauf, dass noch andere Aspekte bedacht werden müssen und lässt mehr Spielraum für die Konstruktion von Differenzierungen und Abgrenzungen.

Reich (1996) stellt in seinem Entwurf einer systemisch-konstruktivistischen Pädagogik neben verschiedenen Frageformen noch andere Methoden vor, die weitgehend der systemischen Familientherapie entlehnt sind und alle dazu beitragen sollen, die Perspektiven im Rahmen von Lernprozessen zu erweitern und zu verändern. Auch der in den Richtlinien des Landes Nordrhein-Westfalen propagierte Projektunterricht kann als eine solche Methode angesehen werden. Die vor Ort festgestellten Bedingungen (vgl. Kap. 3.7) sollen den Lehrer/innen anzeigen, wie weit ihren Schülern Komplexität tatsächlich zuzumuten ist.

Obwohl aus einer ganz anderen Denk- und Forschungstradition kommend, treffen sich viele Aspekte der konstruktivistischen Sichtweise von Lernen mit den Ergebnissen des experimentell arbeitenden Denkpsychologen Dietrich Dörner. In zahlreichen Studien – die wohl bekannteste ist »Lohausen« (Dörner u.a. 1983), in der ein mit allen Machtbefugnissen ausgestatteter Bürgermeister (die Versuchsperson) ein Gemeinwesen leiten soll – untersucht er die Bewältigung von Problemen in komplexen dynamischen Systemen. Entscheidend für den Erfolg der Versuchspersonen ist, dass diese die Komplexität der Aufgabe nicht zu stark reduzieren, die sich ständig ändernden Rand- und Kontextbedingungen in ihre Überlegungen einbeziehen, verschiedene Perspektiven (Interessen) wahrnehmen und berücksichtigen, sich von einem ständigen Prozess von Rückmeldungen leiten lassen (z.B. erkennen, dass die Maßnahme, die zum Zeitpunkt A erfolgreich war, zum Zeitpunkt B falsch sein kann) und in der Lage sind, Ambiguitäten, Frustrationen und Unsicherheit zu ertragen.

Komplexitätssteigernder Lernprozess

Die Modellvorstellungen der älteren behavioristischen Psychologie und auch der Gedächtnispsychologie zielen von ihrer Tradition aus gesehen eher auf eine Informationsreduktion, die systemisch-konstruktivistischen Ansätze und der originelle Ansatz Dörners eher auf Komplexitätserhöhung und damit auf eine Erweiterung der Verhaltensalternativen, besonders in komplexen dynamischen Systemen.

Greif (1996) weist darauf hin, dass die systemisch-konstruktivistischen Theorien geeignet sind, instabile, chaotische und nicht steuerbare Dynamiken zu beschreiben und die Auswirkungen minimaler Ursachen zu berücksichtigen. Er schränkt aber mit Recht ein, dass es viele komplexe Strukturen und Prozesse gibt, die stabile Vorhersagen ermöglichen. Am Beispiel der Pünktlichkeit, mit der die meisten Schüler und Berufstätigen zur Schule oder zur Arbeit kommen, illustriert er, dass hier eine Vorhersage gut möglich ist (die meisten sind pünktlich), obwohl auf dem Weg zur Schule oder zur Arbeitsstelle viele Störvariablen wirksam werden können. Bezogen auf den Lernprozess bedeutet dies (nach Greif), dass dieser zwar hochkomplex und nicht vollständig kontrollierbar ist, durch eine geeignete Lernumgebung, Medien, Lehrmaterialien und Or-

Selbstlern-kompetenz

ganisationsstrukturen jedoch Bedingungen geschaffen werden können, die das Erreichen definierter Ziele im Verlauf eines *sich selbst organisierenden* Lernprozesses ermöglichen (vgl. Kap. 2 »*Selbstlernkompetenz*«; 3.7). Mit diesem Ansatz wurden Projekte selbst organisierten Lernens in der Industrie mit Schichtleitern und Lehrlingen erfolgreich durchgeführt (Greif/Scheidewig 1996; Mildenberger 1996). Die zunehmende Schnelligkeit des gesellschaftlichen und technischen Wandels zwingt die Betriebe eher als die Schulen zu flexiblen Lernstrukturen, die der Dynamik und Komplexität Rechnung tragen und die mit einer einfachen Vermittlung von Fakten nicht mehr auskommen.

Lernkontext

Abschließend lässt sich – durchaus aus konstruktivistischer Sicht – sagen, dass »Lernen« unter verschiedenen Aspekten gesehen werden kann und keiner dieser Aspekte allein dem Phänomen gerecht werden kann. Alle Modelle müssen in der konkreten Lernsituation jeweils danach befragt werden, unter welchen Kontextbedingungen (Lernsituation, Motivation, Ziele, Art des Lernstoffes usw.) welchem Ansatz der Vorzug zu geben ist.

Die Kenntnis mehrerer Perspektiven des Phänomens »Lernen« trägt dazu bei, die Vielfalt von Lernstrategien zu vergrößern, räumt dadurch Lernenden und Lehrenden mehr Entscheidungsspielräume ein und impliziert somit emanzipatorisches Denken und Handeln.

Einzelne Erkenntnisfortschritte können die Lernpraxis ändern. Hier sind einige Beispiele der Lernpsychologie aufgeführt, aus denen heraus wir entsprechende Änderungen für möglich halten.

Erstlernen

● Das erste Lernen einer Bewegungsfolge, so ergibt sich aus Forschungen zur Kinderzeichnung, aus Beobachtungen der Ethologie, aber auch aus Erfahrungen bei dem autodidaktischen Erlernen einer Geschicklichkeit, erweist sich als besonders prägend. Daher muss gerade dieses erste Lernen mit besonderer Sorgfalt beobachtet werden. Vielleicht ist es falsch, Kinder in einer Klasse zum ersten Mal die Buchstaben schreiben zu lassen. Wahrscheinlich wäre es richtig, jedes Kind einzeln zu unterrichten und gegebenenfalls seine Hand zu führen, damit beim ersten Mal gleich die richtige Bewegungsfolge gelernt wird.

Umlernen

● Die vielbeschworene schnelle Veränderung des Wissens führt zu einer wichtigen Konsequenz. Viele Menschen müssen im Laufe ihres Lebens *umlernen*. Die Regeln für ein Umlernen sind andere als für ein Neulernen. Dies ist meist ein Lernen im Erwachsenenalter mit eigenen Spezifika, die wiederum für die Forschung in den Vordergrund treten. Bei manchem Umlernen können Kränkungen entstehen, die sich einer Informationsaufnahme in den Weg stellen. Der Gedanke, ein Leben lang etwas Wichtiges falsch gemacht zu haben (z.B. den

Kindern eine nicht-gesunde Ernährung geboten zu haben), führt gegebenenfalls zu Widerständen. Der Kommunikator neuen Wissens muss sich – bevor er sich auf das eigentliche Umlernen konzentrieren kann, auch mit solchen Widerständen befassen.

- Viele Veränderungen ergeben sich aber aus den Möglichkeiten eines computer-unterstützten Unterrichtes.

Das Lernen mit Computer ruft weniger Emotionen auf den Plan. Die Maschine wird nicht ungeduldig. Sie empfindet ein Scheitern des Lernenden natürlich nicht als eigenes Scheitern oder als Frechheit und reagiert entsprechend gleich bleibend und eben nicht emotional. So wird ein wünschenswertes beleidigungsfreies Lernen ermöglicht und beispielhaft eingeführt. Oft ist es gerade die Kränkung, die mit einem Scheitern einhergeht, die dem schwer erziehbaren, aber auch dem im Normalbereich etwas widerspenstigen Schüler einen Lernerfolg unmöglich macht. Eine zunehmend multimediale und geringe literale Lernerfahrung mindert die Bereitschaft, Lehrbuchtexte zu lesen und auf Dauer dann auch die Fähigkeit, sich dieser mühsamen Prozedur zu unterziehen. Manches Buchwissen wird so aus dem allgemeinen Bewusstsein verschwinden und sich nur noch in der multimedialen Aufbereitung vermitteln.

Lernen – Computer

Das Lernen in der Computer-Mensch-Interaktion kann sich aber vielmehr einem Lernen im natürlichen Kontext annähern. Der Lernstoff kann interesse-geleitet interaktiv entdeckt werden. Lernen kann spielerisch geschehen, z.B. können englische Vokabeln sehr wohl in einem Videospiel die Türöffner für die nächste Spielebene sein. Nun werden sie ganz nebenbei, automatisch gelernt. Schon heute lernen viele Kinder spielerisch die englischen Bezeichnungen für Spielzustände (»game over«, »level« und vieles andere mehr.)

Lernen ist nicht mehr sehr auf die Vermittlung durch einen bestimmten Lehrer angewiesen, mit dem der Schüler Glück oder Pech haben kann. Der Lehrer kann didaktisch gut oder schlecht sein, er kann fachlich gut oder schlecht informiert sein. Eine klassische Klage über das Gymnasium ist die, dass man dort einen Stoff lernt, den man später von anderen Lehrern besser und anders lernen wird.

Lernen – Lehrer

Über moderne Kommunikationsmedien wird der Lernstoff im Idealfall jeweils vom besten »Lehrer« in einer aufwändigen didaktischen Verarbeitung dargeboten. Die Rolle des Lehrers der Primar- und Sekundarstufe wird vielleicht eher darin bestehen, den Unterricht *auszuwählen*, den er für seine Schüler im gegenwärtigen Moment für angemessen hält. Er kann das Gezeigte und Gelernte in der wirklich sichtbaren und anfassbaren Umgebung der Schüler anheften, damit aus dem didaktisch perfekten Unterricht nicht gleichzeitig auch ein wirklichkeitsferner Unterricht wird. Solche vorbereiteten didaktischen Elemente haben natürlich eine gewisse Trägheit, sie sind neuen Entwicklungen nicht schnell anzupassen, eignen sich also für den gesicherten Lernstoff (vgl. Kap. 2 »*Lehrer neuen Stils*«).

3.6 Abschließende Bemerkung

Zukunft des Lernens

Wir konnten zeigen, dass Lernen eine Geschichte hat und daher die Frage nach der Zukunft des Lernens sinnvoll ist. Die Zukunft ist uns prinzipiell ungewiss, aber dennoch ist es ja gerade die »conditio humana«, den Blick fragend auf die Zukunft zu richten.

Diese Zukunft des Lernens hat viel mit Lebensglück zu tun. Generationen von Kindern haben sich mit Lernanforderungen gequält, die dem Menschen nicht angemessen sind. Generationen von Lehrern haben unter Schülern gelitten, die – nach ihrer kulturell bedingten Auffassung – das Lernen nicht richtig machen. Eine bessere Einsicht in die Psychologie des Lernens muss sich auch daran messen lassen, ob sie Schulunglück und Schulleid, Lernunglück und Lernleid zu verringern vermag. Dazu trägt auch immer wieder eine sinnvolle Entschlackung des Lernstoffes bei. Wie in anderen Bereichen der Psychologie und der Pädagogik muss der Fortschritt nicht immer von der Theorie zur Praxis laufen. Auch aus der Beobachtung der gelungenen Praxis können wesentliche Impulse für die Theoriebildung entstehen. Dies hieße für die Forschung, sich einer Beschreibung (gelungener) aktueller, inhaltsgebundener Lernprozesse im realen pädagogischen Alltag in ihrer ganzen Individualität zuzuwenden.

3.7 Das Bedingungsfeld schulischen Lernens

Einflüsse auf schulisches Lernen

Alle diejenigen Institutionen, Personen und Gegebenheiten, die auf Schüler und Schule einwirken können, indem sie bestimmte Interessen vertreten, Kritik an der Schule äußern, Ziele angeben, Ideen liefern, Schulleben und -unterricht mitgestalten, sind potenzielle Bedingungsfaktoren des Unterrichts.

Einzelne Faktoren des Bedingungsfeldes (mit beispielhaften Spezifika) – verstanden sowohl als durchschnittliche Gesamtheit, wie als einzelne Personen – sind:

- **Eltern:** sozialer Status, Milieu, Einstellung zum Kind (Wünsche, Forderungen, Erziehungsverhalten);
- **Schüler:** Belastungen oder Förderung von außen (Eltern, »peergroup«), besondere Eigenschaften, Talente, Begabungen, Interessen,

Motivationsmöglichkeiten, Sozialverhalten (Einzelne und Klasse), Leistungsvermögen (Über-, Unterforderung), Lernverhalten (Selbstständigkeit, Kooperationsvermögen, Kreativität, Methodenbeherrschung, Techniken, Lernstand (bereichsspezifisch, Wissen, Defizite);

- **Lehrer:** Belastungen (inner- und außerberuflich), Kompetenzen und Qualifikationen (allgemein und speziell), Methoden, pädagogisch-didaktisch-methodisches Handlungsrepertoire, Defizite? (vgl. Kap. 4.3), Kenntnisse über die Unterrichtsbedingungen;
- **»Gesellschaft« und »Politik«:** Schulgesetze und -verordnungen, Schulaufsicht, gegenüber der Schule geäußerte Interessen seitens gesellschaftlicher Gruppen (Wirtschaft, Kirchen, Parteien, Verbände, etc.);
- **Kommune, mit Öffentlichkeit (Vereine, Betriebe, ...):** fördernde/begrenzende Institutionen (u.a. durch finanzielle und personelle Ausstattung), Möglichkeit ihrer Einbeziehung (z.B. Betriebspraktika, Exkursionen);
- **Schulorganisation (Klasse, Differenzierungen):** Schüler-Lehrer-Relation, Parallelklassen, streaming, setting, Stundenplan (Einzel-, Doppelstunden, Verfügungsstunden, erteilte Fächer), Defizite?, Schulprogramm, -konzept?, Aktivitäten;
- **Schulhaus und Hof, Schulausstattung, Schulumgebung:** Fach-, Klassen-, Gruppenräume, Umgebung (als Möglichkeit oder Einschränkung), Medienausstattung (vgl. Kap. 6.2.1; 6.3).

Zusammenfassung

Lernen ist der Zentralbegriff schulischen Unterrichts. Schulisches Lernen wird begünstigt durch

- Bezug zur konkreten Situation und Kultur des Schülers,
- Nutzen lerngünstiger Entwicklungsphasen (Beispiele: Sprache, Normen),
- didaktische Präparation des Stoffes (u.a. Verständlichkeit und Aufgliederung) (vgl. Kap. 4.1).
- Anstreben komplexen, perspektivreichen, antinomischen und kritisch eingeschätzten Wissens anstelle von Gewissheiten und einfachen »Wahrheiten«,
- Förderung eines Verhaltens, das auf »soziale Geschicklichkeiten« im Rahmen geltender Normen zielt.

Als weitere Bedingungen sind besonders zu beachten:
- Die **Schüler** als zu entwickelnde Persönlichkeiten unter Berücksichtigung ihrer spezifischen Möglichkeiten/Bedürfnisse (Talente, Fertig-

keiten, Kenntnisse, Schwächen, Interessen) und Situation (Eltern, Freizeit etc.).

● **Möglichkeiten und Grenzen der Schule** auf die Voraussetzungen der Schüler einzugehen (Ort, Schulörtlichkeit, Ausstattung der Schule).

● Die **Lehrer** in ihren persönlichen Möglichkeiten und Grenzen; als Kommunikatoren, in ihren Beziehungen zu Schülern, ihr analytisches, produktives und innovatives Vermögen sowie ihre sonstigen Talente und Schwächen.

Leseempfehlungen

Schülerbedingungen/Lernen

Bannach, M. (2002): Selbstbestimmtes Lernen – Freie Arbeit an selbst gewählten Themen. Hohengehren.

Lompscher, J./Nickel, H./Ries, G./Schulz, G. (1997): Leben, Lernen und Lehren in der Grundschule. Neuwied. Kap. 1–8, 17–19.

Metzig, W./Schuster, M. (2000): Lernen zu lernen. Berlin et al.

Schneider, I.K. (2003): »So sehe ich die Sache«. Baltmannsweiler.

4. Grundlagen der Unterrichtsgestaltung

Die Frage dieses Kapitels lautet: Welche Schlüsse sind aufgrund der Zielsetzungen und Bedingungen in Hinsicht auf den Schulunterricht zu ziehen? Wir betrachten:

- die thematische Auswahl und didaktische Aufbereitung (4.1),
- die Gestaltung des sozialen Feldes (4.2),
- im Besonderen den Umgang mit den Schülern (4.3) und
- die Gestaltung der Unterrichtsbedingungen (4.4).

4.1 Didaktische Transformation

Die Didaktik fragt nach den Zielen (vgl. Kap. 2) und den Inhalten des Unterrichts sowie ihrem Bezug zum Schüler. Prinzipiell können die Themen des Unterrichts tradierte Inhalte sein, die weit von der Wirklichkeit der Schüler entfernt scheinen und augenblicklich »nichts bringen«, die aber zum kulturellen Erbe der Gesellschaft gehören! **Unterrichtsinhalte**

In aller Regel – und dies geht aus der Schülerorientierung des Unterrichts hervor – sollten die Themen des Unterrichts der gegebenen kulturellen und gesellschaftlichen *Realität* entsprechen; ansonsten ist die Forderung nach ihrem Erwerb – sogar an die Verteilung sozialer Chancen gebunden – kaum zu legitimieren.

Bei der Themenauswahl handelt es sich um eine fach- und eine allgemeindidaktische Fragestellung. Auf den fachdidaktischen Aspekt gehen wir hier nur insoweit ein, als er vor allem die Sachkompetenz in die Überlegungen einbringen muss. Fachdidaktische Erörterungen müssen sich im Übrigen allgemeindidaktischen Prinzipien insoweit unterordnen, als – gegen Fachegoismus – der Blick auf den Gesamtkanon schulischen Lernens unter dem Gesichtspunkt der Bildung gerichtet bleiben muss.

Lernintentionen beinhalten die persönlich (Physis, Psyche, soziale Einbindung) und gesellschaftlich (Kultur, Ästhetik, Sprache, Normen, Werte) begründeten Schülerbedürfnisse. **Unterrichtsintentionen**

Sie sind den Schülern in ihrer Notwendigkeit nicht immer einsichtig (»bürgerliches Rechnen«, »Höflichkeitsregeln«); Unwissenheit und Nichtbeachtung können ihnen jedoch schaden (Bewerbung um einen Ausbildungsplatz). Lehrer/innen müssen – aus ihrer »höheren« Einsicht

– bei solchen, aber wirklich nur bei solchen Inhalten für die angesprochenen Kompetenzen sorgen, und zwar durch Motivation, Überredung, Vorbild, Begeisterung, sogar durch »Tricks«.

Leistung   Ein Begriff wie *Leistung* ist hier einzuführen. Es gehört zu den gesellschaftlichen Prinzipien, Leistung zu belohnen und zur gesellschaftlichen Idee der Gerechtigkeit, Erfolg wie Status an Leistungen des Einzelnen, nicht etwa an Herkommen oder Besitz zu binden. Zuvor, was ist Leistung? Physikalisch wird eine erbrachte Arbeit ins Verhältnis zur benötigten Zeit gesetzt und in »Watt« gemessen. Schulisch lehrt uns dies: Am Aspekt des Objektiven kann man sich nicht vorbeimogeln und unsere Schüler müssen wohl lernen, dass sie Belohnungen durch Erfolge erhalten können, bei Misserfolg aber darauf verzichten müssen.

Wenn ich einem Schüler ständig vorgaukele, er sei »Spitze« oder »Klasse«, es sei mit der Leistung »alles in Ordnung« – auch wenn das objektiv nicht stimmt – verfehle ich den entscheidenden pädagogischen Handlungsgrundsatz der »Echtheit«. Pädagogik bedeutet nicht die Kaschierung der Wirklichkeit sondern sie will den Schüler befähigen, sich der Wirklichkeit, also auch einer schwachen Leistung zu stellen, dies als Person auszuhalten und auch hierzu Bewältigungsstrategien zu entwickeln. Leistung also objektiv (im Bewusstsein seiner Grenzen) zu messen dient nicht nur der Selektionsfunktion der Schule, sie dient auch der Selbsteinschätzung des Schülers.

Die Schüler können Einschätzungen ihrer Leistungen (Zensuren, Zeugnisse, Lernberichte, etc.) durch andere Personen (Lehrer, Mitschüler) erhalten und darauf reagieren oder mit Hilfe von Eigenbewertung sich über ihren Lernforschritt selbst vergewissern. Die Schule definiert unterschiedliche Leistungsbereiche, nämlich einerseits das für alle bedeutsame Basiswissen und andererseits einen Bereich individueller Schwerpunkte, die sich jeder Schüler je nach Neigung und Interesse aneignen kann (vgl. Kap. 2). Beides anzuregen, zu fordern und didaktisch-methodisch zu fördern, darin besteht die besondere Aufgabe, die die Schule im Gegensatz zum »Leben«, dem Beruf u.ä. zu leisten vermag.

Anstrengung   Ohne *Anstrengung der Schüler* sind diese Intentionen nicht zu verwirklichen, die Ziele nicht zu erreichen. Es ist ein Missverständnis zu glauben, wenn man der Realität, den Bedürfnissen und Interessen der Schüler im Schulunterricht – wo möglich – zu entsprechen sucht, sei dies gleichbedeutend mit der Beliebigkeit der Themen sowie der Gleichgültigkeit gegenüber dem Leistungsgedanken. Genau das Gegenteil ist der Fall. Schüler erbringen Leistungen und verinnerlichen erlerntes Wissen umso mehr, je mehr sie die Themen betreffen, und sie sind zum Erwerb unattraktiven Basiswissens umso bereiter, je mehr ihnen die Schule deren Notwendigkeit glaubhaft macht und zusätzlich genügend Raum für Eigeninitiative lässt.

Auf der Grundlage unserer bisherigen Überlegungen ergeben sich folgende *Auswahlkriterien für Unterrichtsinhalte*:

**Auswahl der
Unterrichtsinhalte**

● Die Nähe der Themen zur *Lebensrealität* der Schüler, d.h., es gilt einen Lebenswirklichkeitsbezug herzustellen, der einerseits Familie, Politik, Sport, Freizeit, Altersgruppe und die durch Medien vermittelte Wirklichkeit berücksichtigt und andererseits

● die Nähe zu den *Interessen* der Schüler herstellt, indem er die Leitvorstellungen von Schülerinnen und Schülern einbindet; aber auch

● das notwendige *Basiswissen* gewährleistet, wie ebenfalls die

● Ermöglichung interessenorientierter *Spezialisierung* der Schüler; entsprechende Lernmöglichkeiten sollen eröffnet und angeregt werden.

● Als Ziel thematischer Auswahl werden Sachkompetenz, d.h. Wissen sowie grundlegende Fähigkeiten, Fertigkeiten (Lesen, [richtig] Schreiben, Grundrechnen etc.) und Verhaltensweisen (Sachlichkeit, Rationalität, Arbeitstugenden) angestrebt, die neben dem Wissenserwerb seine differenzierte Erweiterung, die Ordnung des schon Bekannten und die Wissensanwendung verlangt.

● Die Themen sollen keine »heile« und sichere Welt vorspiegeln;

● sie sollen schülergemäß vielmehr deren Widersprüche, Probleme und Komplexität repräsentieren und

● zu einer *differenzierten, kritischen Sicht der Welt* veranlassen (kenntlich durch Förderung eines prüfenden, abwägenden Verhaltens).

● Die Schülerinnen und Schüler sollen anhand der Themen zum *innovativen, kreativen und kritischen Umgang mit dem Wissen* angeregt und zu je individuellem selbstständigem Lernen und *Weiterlernen* (kenntlich durch eigene inhaltliche und methodische Lernentscheidungen) motiviert werden.

● Sie sollen ein *Lernen im Team* erfahren und dabei die Einhaltung von Regeln und Verhaltensnormen (Moral), die Bereitschaft und soziale Geschicklichkeit im Zusammenarbeiten kennen lernen, achten und einüben können.

● Die *Persönlichkeit der Schüler/innen* soll auch über die Themenerarbeitung *gefördert* werden
  – durch Chancen, selbstverantwortete Entscheidungen zu treffen,
  – durch Anregungen, die den ganzen Menschen fordern,
  – durch Möglichkeiten aktiv, selbstständig und mit anderen zusammen zu arbeiten und sich mit der konkreten (d.h. historisch-gesellschaftlichen und naturwissenschaftlich-technischen) Umwelt auseinander zu setzen,
  – durch Gelegenheit und Anleitung, im Zusammenhang mit der thematischen Arbeit über sich selbst und die Umwelt zu reflektieren und persönliche Ethik (Bildung!) zu entwickeln.

Didaktische Transformation

Die *didaktische Transformation* transportiert die Inhalte aus dem komplexen realen und/oder wissenschaftlichen Rahmen auf die Ebene der Schüler, ohne sie zu verfälschen. Der Stoff ist also mit dem Ziel der Verständlichmachung zu präparieren. Zugleich soll der Lehrende leisten, für die Schüler das Wesentliche und Bedeutsame hervorzuheben und ihnen als Schülern diesen Besitz zu sichern und fruchtbar werden zu lassen. Dazu ist er als Lehrer qualifiziert vor allem durch die Fachdidaktik. Sie setzt Lehrer in den Stand, didaktisch angemessen, zugleich sachadäquat wie schülerorientiert, sowie exemplarisch vorzugehen. Die didaktische Transformation unterliegt den aus Lernforschung und Unterrichtserfahrungen insgesamt ermittelten *didaktischen Prinzipien*:

Didaktische Prinzipien

- **Sach- und Zielgemäßheit.** Themen schulischen Unterrichts sollen die Sache adäquat, also unverfälscht, wenn auch didaktisch transformiert, repräsentieren. Das bedeutet, dass zunächst eine gründliche *Sachanalyse* durchzuführen ist, denn nur wer die Sache beherrscht, kann sie auch didaktisch auf die Ebene der Schüler transformieren. Die Themen sollen jedoch im Sinne einer kritisch-reflektierten Weltsicht vermittelt/angeboten werden.
- **Überprüfung und Festigung des Gelernten.** Durch Wiederholung und Übung sind Standards des Wissens und Könnens anzustreben, und zwar sowohl als Basis für alle wie als Ergänzung (Expertentum) bei jedem einzelnen Schüler.
- **Schülergemäßheit.** Die Themen sollen für die konkreten Schüler durch Umstrukturierung (Sprache, Schema, Bilder) im Anspruchsniveau »passend« sein, sie sollen motivieren, also wichtig, aktuell, lebensnah, interessant sein und den Schülern als akzeptabel und sinnvoll erscheinen; weiteren Bedürfnissen und Möglichkeiten der Schüler entsprechen, nämlich Ordnungen und Übersichten vermitteln, differenzierte Leistungen sowie den Einzelnen und Gruppen aktive Handlungen abfordern und entsprechende Erfolge ermöglichen.
- **Elementarisierung.** Die Inhalte werden durch Vereinfachung, Strukturierung und Veranschaulichung für die Schüler transfomiert.
- **Exemplarizität.** Elementare und fundamentale Einsichten werden bei den Schülern durch die Konzentration auf wesentliche Inhalte und zugleich durch Verknüpfung mit anderen Themen angelegt. Lernerfolg (Selbstlernen, Expertentum) und Behalten werden gefördert durch eine möglichst selbstständige, entdeckende und experimentierende Schülerarbeit.
- **Schulgemäßheit.** Lernorte in der und um die Schule, durch die Schüler eigenverantwortlich genutzte Lernzeit sowie anregungsmaterialreiche Lernräume müssen bereitgestellt und mindestens zur teilweisen Nutzung freigegeben werden.

4.2 Gestaltung des sozialen Unterrichtsrahmens

Nach der schülerorientierten Didaktik soll die *Aufgabe der Lehrer/innen* weniger die Informierung über die »Welt« sein, sondern sie sollen Ordner des chaotisch erworbenen Schülerwissens, Anreger für Fragen und Defizitausgleich, Partner und Kontrahenten bei der Einübung in die Führung auch streitiger Diskurse und zu erzielender Kompromisse sein. Sie bleiben allerdings die Zensoren, die Abschlüsse gewähren (oder auch nicht) und sie müssen den Schülern, weil der pädagogische Bezug keine Vorspiegelung falscher Gegebenheiten, vielmehr Wahrhaftigkeit (Echtheit) verlangt, den Spiegel vorhalten und den Schülern – gewiss nicht diskriminierend, sondern echt, fair, rücksichtsvoll und vorsichtig – mitteilen, wo sie neben den Stärken ihre Schwächen sehen. Letzteres bewirkt, dass die Behauptung eines partnerschaftlichen Lehrer-Schüler-Verhältnisses eine Illusion ist; gerade bei jüngeren Schülern entspricht sie auch nicht deren Bedürfnis nach (wirklichen) Autoritäten oder Vorbildern, die Sicherheiten (und Klarheiten) vermitteln können.

Neue Lehrer/innenrolle

Wenn *Selbstständigkeit der Schüler* das Ziel des Unterrichtens ist, müssen Lehrer/innen ihr Verhalten gegenüber den Schülern daraufhin überprüfen,

Ziel: Schülerselbstständigkeit

- ob sie nicht alles (Fragestellungen, Inhalte, Methoden, Ergebnisprüfung) vorgeben,
- sondern den Schülern Raum geben, nicht nur Wissen anzuhäufen, sondern auch die Technik des Wissenserwerbs und vor allem die Motivation zur Wissenserweiterung zu erlernen. Gerade den so genannten »geborenen Erziehern« (Spranger) fällt dies schwer, müssen sie sich doch als engagierte Personen gegenüber den Schülern zurücknehmen. Überzeugten Pädagogen aber ist gewiss deutlich zu machen, dass die Erzeugung von zu großer Abhängigkeit der Schüler diesen in Zukunft den Weg zur Eigenständigkeit erschwert.

Konsequent also ist es, den Schülern den größtmöglichen Raum zu geben, in der Schule

- eigenen Interessen nachzugehen (bei gesichertem Erwerb von Basiskenntnissen, -fähigkeiten und -fertigkeiten),
- durch motivierende Anregungen und eigene Interessen das Lernen lernen zu können (Techniken, Methoden).

Zu sichern sind sowohl Erfahrungen im individuellen Vorgehen, wie in der Teamarbeit (je nach Notwendigkeit).

Analytische (zur Erfassung), innovative und kreative Fähigkeiten (zur Anregung der Schüler) der Lehrer/innen sind besonders bei der Erfüllung ihrer folgenden Aufgaben vonnöten:

● individuelle Beratung (welches Thema könnte man [alleine oder mit anderen, unter Berücksichtigung der gegebenen Interessen, Bedingungen und Talente] aufgreifen) und
● Hilfe (Hinweise auf Informationsquellen, mögliche Mitarbeiter, Methoden).

Basiswissen sichern und Lernfreiräume schaffen

Bei aller Notwendigkeit, den Schülern Freiräume für Lernerfahrungen zuzugestehen, gehören zum Unterricht auch Lehrgänge, in denen die Schüler mit neuen Informationen versehen und über Anweisungen informiert werden müssen; in besonderer Weise gilt dies für den Erwerb des Basiswissens und der Basisqualifikationen, für deren Sicherung Lehrer/innen im wohlverstandenen Eigeninteresse der Schüler als künftigen Mitgliedern der Gesellschaft u.U. in einem die Beziehungen belastenden Verfahren sorgen müssen. Dies wird umso leichter und für das Verhältnis zwischen Lehrern und Schülern umso unbelasteter zu erreichen sein, je mehr die Schüler die Schule insgesamt als einen Ort erleben, in dem (neben möglicherweise ungeliebten Pflichten) auch Raum für Interessen, Selbstständigkeit, soziale Kontakte ist. Gerade wenn es (gesamt oder bei einzelnen Schülern) um »ungeliebte« aber doch als Grundlage unerlässliche Qualifikationen geht, ist die didaktisch-methodische Qualität der Lehrer/innen gefragt. R. Tausch fordert vom *Lehrerverhalten* allgemein:

● »Schülern Erfolgserlebnisse ermöglichen, sie ermutigen, loben, coachen, optimistische Haltung;
● weniger dirigieren, lenken und fragen, sondern mehr Selbstständigkeit ermöglichen, häufig helfen, unterstützen.«
(Bender u.a. 1999, S. 7)

4.3 Umgang mit Schülern

Schüler sind Individuen

Schüler werden nach unserer schülerorientierten Didaktik als Persönlichkeiten mit unterschiedlichen Voraussetzungen (Eltern, Umfeld, etc.), mit eigenen Fähigkeiten, Fertigkeiten, Kenntnissen, Vorstellungen, Zielen und Interessen ernst genommen. Der Schulunterricht betrachtet sie auch nicht als einheitlich zu »beschulende« Personen, sondern als differenziert zu entwickelnde Persönlichkeiten, allerdings mit der Maßgabe ihrer erfolgreichen Einbindung in ihre Gesellschaft.

Die Schule nimmt bei ihrer Arbeit Rücksicht darauf, dass es sich bei ihren Schülern um Kinder und Jugendliche handelt, sie bieten ihnen, bei allem Bezug auf die Realität der Gesellschaft (in Inhalten und Normen) einen gewissen »Schutz«, der ihnen die Möglichkeit schafft, dort, wo sie entwicklungsgemäß Lasten noch nicht tragen können, Übungsmöglichkeiten unter erleichterten Bedingungen vorzufinden (z.B. für die Arbeitswelt). Falsch jedoch wäre es, diesen »Schonraum« auf das gesamte Schul- und Unterrichtsgeschehen auszudehnen. Zur pädagogischen Wahrhaftigkeit der Schule gehört es nicht nur, die Schüler (angemessen) über ihren aktuellen (Leistungs-, Sozialstand) aufzuklären, sondern ihnen (so viel als möglich) Verantwortung für sich selbst (Anstrengung, Pflichten), für ihre Mitmenschen (Hilfsbereitschaft, Empathie, Verantwortung für die Gruppe) und für ihre Umgebung (Schule (Ordnung, Sauberkeit, gegen Vandalismus)) zu übertragen. Sozialverhalten lernt man nicht durch »predigen« sondern durch die Einbindung in Pflichten (bei gegebenen Rechten) im Rahmen vereinbarter Regelwerke. Man lernt es aber nur, wenn man als Person in einem gesicherten Terrain lebt und sich anerkannt weiß.

> **Alters-entsprechender Unterricht – Rechte und Pflichten**

Das Zusammenleben der Schüler und Lehrer/innen in der Schule bringt Konflikte mit sich. Diese lassen sich durchaus diskursiv klären, der vorhandene Pragmatismus der Schüler erlaubt es ohne weiteres, Ordnungsstrukturen und Regeln des Zusammenlebens gemeinsam zu entwickeln und aufrecht zu erhalten. Der hier erhobene Anspruch einer schülerorientierten Didaktik verlangt insbesondere eine intensive Kooperationsbereitschaft der Lehrer, denn nur dann werden Brüche in der Konzeption von Schule und Unterricht vermieden.

> **Konflikte**

Manfred Rotermund stellt das Thema der »Konfliktbewältigung in der Schule« im Zusammenhang vor (Kap. 4.3.1–4.3.7).

4.3.1 Einführende Bemerkung

Konflikte in der Schule gehören zum Alltag des Lehrers. Ein einfühlsames Konfliktmanagement kann als Voraussetzung für gelingenden Unterricht angesehen werden, weil an der Sache nur dann effektiv gearbeitet werden kann, wenn die Beziehungsebene zwischen den Schülern sowie den Schülern und dem Lehrer nicht nachhaltig gestört ist, was voraussetzt, dass sich alle am Unterricht Beteiligten mit Respekt begegnen. Den Anderen respektieren heißt, seine Bedürfnisse, Wünsche, Interessen und Argumente ernst zu nehmen und bei Konflikten eine Lösung herbeizuführen, der möglichst viele Konfliktparteien zustimmen können. Seitens des Lehrers setzt dies voraus, dass er als Fachmann für Unterricht und Erzie-

> **Respekt**

Konfliktlösungen hung, also auch als Fachmann für Konfliktmanagement, fähig sein muss, solche konstruktiven Konfliktlösungen herbeizuführen. Die kognitiven Grundlagen hierzu sollen Ihnen in diesem Kapitel vermittelt werden, außerdem werden Werkzeuge zur Konfliktanalyse vorgestellt. Darüber hinaus ist die Einübung entsprechender Verhaltensweisen in selbst organisierten (Supervisions-)Gruppen oder in entsprechenden Trainingsprogrammen/Seminaren sinnvoll, wenn nicht sogar notwendig.

Die Notwendigkeit, sich mit dem Thema »Konflikte« in der Schule zu beschäftigen, soll die Schilderung einer Seminarszene verdeutlichen.

Lehrer in der Ausbildung sollen nach der Lektüre des folgenden Fallbeispiels aufschreiben, was sie empfinden und wie sie reagieren würden. (Dies sollten auch Sie – lieber Leser – unbedingt tun, bevor Sie die Lektüre des Textes nach der Fallbeschreibung fortsetzen!)

Fallbeispiel

»*Schuljahresbeginn. Erste Stunde in einer neuen Klasse mit neuer Zusammensetzung. 10. Schuljahr. Religion.*
Wie immer zu Beginn einer neuen Lernrunde, fühle ich mich angespannt und unsicher. Die Schüler wirbeln im Raum herum und nehmen wenig Notiz von meiner Anwesenheit. Eine Gruppe spielt Skat und lässt sich dabei nicht stören. Ich warte ab und denke: Sollen sie doch zu Ende spielen. Da sehe ich, dass für ein neues Spiel ausgegeben wird. Ich trete zu der Gruppe und sage ruhig:»Ich möchte gerne mit dem Unterricht beginnen und deshalb will ich nicht, dass ihr mit einem neuen Spiel anfangt.« Darauf springt einer der Spieler auf und schreit mich in unflätiger Weise an. Üble Schimpfworte fallen dabei.«
(Aus: Hennig/Knödler 1995, S. 213)

Bei der Vorstellung der Überlegungen und Gefühle fällt regelmäßig auf, dass sich viele Studierende/Referendare verärgert und hilflos fühlen und nur sehr abstrakt angeben können, wie sie sich verhalten würden (»Ich würde versuchen, ruhig zu bleiben.«), bzw. nur sagen können, wie sie sich nicht verhalten würden (»Ich würde nicht schreien.«); die wenigsten überlegen bei ihrer Reaktion, warum sich der Schüler auffällig verhalten hat. Letzten Endes bedeutet dies, dass die angehenden Lehrer keine Vorstellung haben, wie sie sich in einer solchen Situation, die in ihrem zukünftigen Berufsleben nicht unwahrscheinlich ist, verhalten werden. Es ist zu befürchten, dass sie sich (unbewusst) an ihren eigenen Lehrer-Schüler-Erfahrungen orientieren und den auffälligen Schüler disziplinieren werden, um ihr Gesicht zu wahren und der Klasse zu signalisieren, dass sie ein solches Schülerverhalten nicht hinnehmen werden – diese Überlegungen werden sehr häufig genannt. Deutlich wird hier das Denken in der Kategorie Sieg oder Niederlage und die Gefahr einer destruktiven Konfliktlösung, bei der der Schüler verlieren muss, damit der Lehrer sein Gesicht wahrt und gewinnt. Die Gefahren dieser destruktiven Konfliktlösung sind nur wenigen angehenden Lehrern bewusst: Wenn eine Konfliktpartei versucht, sich durchzusetzen (dies wird in der individualpsychologischen Literatur als destruktiver Konfliktlösungsverlauf bezeichnet) ist dies problematisch, weil der Konflikt nur für einen Beteiligten gelöst wird, während der Verlierer mit seinen Bedürfnissen unbefriedigt bleibt und sehr wahrscheinlich einen Weg suchen wird, diese Bedürfnisse doch noch durchzusetzen oder sich für die Niederlage zu rächen (vgl. Heller/Nickel 1980, S. 159). Damit gefährdet aber die Sieg-Niederlage-Methode den Auftrag des Lehrers, den Schüler zu fördern, denn es besteht die Gefahr, dass sich zumindest bei wiederholter Anwendung dieser Methode der Schüler den sonstigen Förderversuchen des Lehrers entziehen wird. Die Interaktion des Lehrers mir diesem Schüler wird also durch die falsche Lehrerreaktion äußerst konfliktanfällig, was für den Lehrer bedeuten kann, dass er immer wieder gewinnen muss, und für den Schüler, dass er in eine unsinnige Opposition getrieben werden kann, die sogar sein Lernen und damit sein schulisches und außerschulisches Fortkommen gefährden kann.

Destruktive Konfliktlösung

Haben Sie bei Ihren Überlegungen die gesamte hier angedeutete Problematik bedacht?

Studierende und Lehrer, die sich dieser Gefahren bewusst sind, suchen effektivere Techniken des Konfliktmanagements, die eine Niederlage für beide Konfliktparteien vermeiden. Hierfür muss der Lehrer als reifer Erwachsener und als »Profi für Unterricht und Erziehung« den Schüler zunächst einmal verstehen und dann für einen konstruktiven Konfliktlösungsprozess sorgen. Wie dieser aussehen könnte, zeigt die Fortsetzung des Fallbeispiels (s. Kasten auf S. 42), wobei zu betonen ist, dass eine Nachahmung des beschriebenen Lehrerverhaltens ebenfalls erfolgreich sein kann, aber nicht muss. Der Erfolg einer Nachahmung dürfte sehr davon abhängen, ob das entsprechende Verhalten glaubwürdig vertreten und nicht nur vorgetäuscht wird.

Konstruktive Konfliktlösungen

Fünf Besonderheiten fallen an diesem Beispiel auf:

Der Lehrer
1) nimmt sich die Zeit, über seine Reaktionen nachzudenken;
2) versucht zunächst einmal herauszufinden, welchen Zweck der Schüler anstrebt (»Wozu macht er das eigentlich? ... Er braucht also Aufmerksamkeit und Anerkennung.«);

Fallbeispiel

(Die Hervorhebungen in diesem zitierten Text stammen von dem Verf., um so Besonderheiten des Lehrerdenkens deutlich zu machen, auf die später noch eingegangen werden wird.)

»Ich spüre, wie die Wut in mir hochsteigt, gleichzeitig wächst die Angst in mir: Das kann ja heiter werden, wenn das schon so anfängt ... Ich bin mir klar darüber, dass ich soeben getestet werde und der Verlauf des Schuljahres in hohem Maße davon abhängen wird, wie ich jetzt reagiere. Ich bin aber ratlos. Also reagiere ich zunächst ›gar nicht‹, sondern schaue zum Fenster hinaus und versuche nachzudenken.

Der Schüler hat mich provoziert. Er will einen Machtkampf. Wenn ich mich jetzt nicht durchsetze, hauen die mich das ganze Schuljahr über in die Pfanne. Warum oder besser: **Wozu macht er das eigentlich?** Er will offenbar angeben vor seinen Klassenkameraden, denn er ist neu und muss sich sein Image erst noch aufbauen. Er braucht also Aufmerksamkeit und Anerkennung. **Wenn er die Anerkennung auf meine Kosten von den anderen bekommt, werde ich es künftig schwer haben.** Also muss er sie von mir bekommen. So behalte ich die Fäden in der Hand und kann **meine Überlegenheit beweisen, ohne ihn zu bedrohen oder zu demütigen.** So braucht er nicht zu eskalieren. Ich werde gewinnen, ohne dass er verliert. Das ist die Lösung. Also wende ich mich dem Schüler zu und sage ihm in die erwartungsvolle Stille hinein, die inzwischen entstanden ist, etwa Folgendes: ›Du imponierst mir. Dazu gehört wirklich Mut, einen Lehrer so unverschämt anzuschreien, vor allem, wenn man überhaupt keinen Anlass dazu hat. Weißt du, ich hab' gerade darüber nachgedacht, was du mir eigentlich zeigen wolltest, und da ist mir eingefallen, dass **ich früher auch einmal einen Lehrer angeschrien habe.** Ich hab' das damals einfach für meine Selbstachtung gebraucht, die in der Schule oft gelitten hat. Also denke ich, dass du mir von vornherein zeigen wolltest, dass du respektiert zu werden wünschst. Das kann ich gut verstehen, weil es mir genauso geht. Deshalb **habe ich es nicht gern, wenn ich angeschrien werde.** Ich glaube, dass wir gute Freunde werden können, wenn wir das beide beachten.‹

Inzwischen sind wir wirklich gute Freunde geworden. Roland spricht mit mir in der Pause über persönliche Angelegenheiten, sorgt im Unterricht gelegentlich für Ruhe, bringt Anregungen ein und berät mich, wenn ich nicht weiter weiß. Dabei ist er wirklich kein Musterknabe und nimmt sich immer noch gewisse Freiheiten heraus, um seine Selbstständigkeit zu demonstrieren.«

(Aus: Hennig/Knödler 1995, S. 213f.)

3) bezieht die Reaktion der anderen Schüler und deren Wirkung auf den auffälligen Schüler in seine Überlegungen mit ein (»Wenn er die Anerkennung auf meine Kosten von den anderen bekommt, werde ich es künftig schwer haben. Also muss er sie von mir bekommen.«);

4) will weder verlieren, noch den Schüler zum Verlierer machen (»meine Überlegenheit beweisen, ohne Bedrohung oder Demütigung.«);

5) spricht von seinen persönlichen Erfahrungen und seinen Wünschen und verwendet dabei immer wieder das Personalpronomen »ich«.

Diese Besonderheiten verweisen darauf, dass über eine Lösung nachgedacht werden muss (1) und dass dabei bestimmte Theorien und Strategien helfen können (2–5). Im Einzelnen scheint dieser Lehrer sich von folgenden Theorien leiten zu lassen:

- Die **Individualpsychologie** thematisiert die Lebensziele eines Menschen und fragt dabei unter anderem nach seinem Aufmerksamkeitsstreben.

- Die **Lerntheorie** (insbesondere die Theorie des instrumentellen/operanten Konditionierens) betont die Bedeutung der Konsequenzen, die auf ein Verhalten folgen.

- Die Konfliktforschung, zu der verschiedene Fachdisziplinen Beiträge leisten, befasst sich mit der Entstehung und dem Verlauf von Konflikten und differenziert zwischen effektiven (konstruktiven) und ineffektiven (destruktiven) Konfliktstrategien – u.a. werden Kommunikationsmuster auf ihre Effektivität hin untersucht, weshalb in diesem Kapitel der Beitrag der **Kommunikationspsychologie** zur Konfliktdeutung vorgestellt wird.

- Die soeben genannten Theorien sollen im Folgenden kurz zusammengefasst werden, damit auch Sie zukünftig in der Lage sind, Konflikte mit Schülern kompetenter zu interpretieren. Bevor wir auf diese Theorien eingehen, wird kurz Hellers **Transaktionsanalyse** vorgestellt, weil diese grundlegende Aspekte einer jeden (Lehrer-Schüler-) Interaktion herausarbeitet.

Theorien zur Konfliktlösung {.marginal}

4.3.2 Die Transaktionsanalyse

Zur Erhellung der Ursachen von Konflikten ist es sinnvoll, zunächst einmal die Faktoren zu klären, die menschliche Interaktionen im Allgemeinen und Konflikte im Besonderen beeinflussen. Heller fasst diese in seiner Transaktionsanalyse zusammen. Er differenziert dabei zum einen zwischen den beteiligten Interaktionsparteien (z.B. Lehrer und Schüler), die sich gegenseitig beeinflussen. Zum anderen unterscheidet er bei jedem Interaktionsteilnehmer zwischen einer aktuellen (inneren) Seite (Wahrnehmung der anderen Interaktionsteilnehmer, den eigenen Einstellungen, Rollenerwartungen usw. und dem daraus resultierenden eigenen Verhalten) sowie einem sozialkulturellen Bezugsrahmen, durch den die aktuelle (innere) Seite des Interaktionsteilnehmers beeinflusst wird. Zu diesem Bezugsrahmen gehören die soziale Lernvergangenheit der Interaktionspartner (Welche Erfahrungen hat er selbst in Erziehungs- und Lernsituationen gemacht? In seinem Denken schlagen sich diese z.B. in impliziten Persönlichkeits- oder Führungstheorien nieder.), ihre

Ursachen von Konflikten {.marginal}

gegenwärtigen sozialen Beziehungen und Erfahrungen (z.B. mit Schülern, Kollegen, Vorgesetzten, aber auch den eigenen Kindern) und die objektivierten Einflüsse, die auf sie einwirken, zu denen Heller z.B. die Fachliteratur, die Massenmedien, aber auch die Lehrpläne, Erlasse und Verordnungen zählt (so lassen sich Lehrer in ihrem Strafverhalten sicherlich dadurch beeinflussen, ob dieses Verhalten in der Öffentlichkeit legitimiert oder gar durch Erlasse ge- oder verboten wird).

Für Lehrer-Schüler-Konflikte folgt hieraus, dass wir 1. immer beide Konfliktparteien in ihrem Interaktionsprozess betrachten müssen (hierauf geht insbesondere die Kommunikationspsychologie ein), ohne vorschnell einer Konfliktpartei die Schuld zuschreiben zu dürfen, und 2. jede Konfliktpartei in ihrem gegenwärtigen und vergangenen Kontext zu sehen haben (dies sind Aspekte der Individual- und der Lernpsychologie).

4.3.3 Individualpsychologie

Die Individualpsychologie wurde von Alfred Adler (1870–1937) in den ersten drei Jahrzehnten des 20. Jahrhunderts entwickelt. Er grenzt sich von Freuds Psychoanalyse wegen derer Überbetonung der unterdrückten Libido (Lebenskenntnis, S. 146) ebenso ab wie von Anlagetheorien und dem Behaviorismus, bei denen das Individuum durch Gene bestimmt bzw. durch Umweltreize fremdbestimmt wird.

4.3.3.1 Das Menschenbild der Individualpsychologie

Für die Individualpsychologie ist der Mensch ein soziales Wesen, das auf Grund seiner individuellen, aber auch artspezifischen Mängel als Individuum gar nicht überleben könnte. Der Mensch braucht deshalb andere Menschen als Lebenspartner und verfügt über ein seelisches Organ, ein Seelenleben, das in der Lage ist, sich unterschiedlichen Lebensbedingungen anzupassen und den Organismus zu schützen. Da der Mensch ein soziales Wesen ist, kann das Seelenleben nur gedacht werden als »ein Seelenleben, das mit allem, von dem es umgeben ist, verknüpft ist, das Anregungen von außen aufnimmt und irgendwie beantwortet, das über Möglichkeiten und Kräfte verfügt, die nötig sind, um den Organismus gegenüber der Umwelt oder im Bunde mit ihr zu sichern und sein Leben zu gewährleisten.« (Adler 1966, S. 30). Dabei billigt Adler diesem Seelenleben eine relative Autonomie zu, weil es nicht einfach durch die Umweltreize oder durch Gene determiniert wird, sondern unter Berücksichtigung des eigenen Körpers, seiner Vor- und Nachteile, und seiner individuellen Lebensgeschichte die Anforderungen der Umwelt interpretiert und gemäß dieser Interpretation agiert. Diese Interpretation der Erfahrungen geschieht zielorientiert. »Kein Mensch kann denken, fühlen, wollen, sogar träumen, ohne dass all dies bestimmt, bedingt, eingeschränkt, gerichtet wäre durch ein ihm vorschwebendes Ziel.« (ebd., S. 31). Wer das Ziel eines Menschen kennt, kann Prognosen über sein zukünftiges Verhalten anstellen. Aus dem Verhalten kann aber auch auf ein dahinterliegendes Ziel geschlossen werden, wobei die Qualität der Folgerungen steigt, wenn der Beobachter über möglichst viele Beobachtungen aus verschiedenen Lebensabschnitten des Beobachteten verfügt.

4.3.3.2 Gemeinschafts- und Minderwertigkeitsgefühl

Wir haben bereits gehört, dass der Mensch ein Mängelwesen und infolge dessen ein soziales Wesen sei. Dies äußert sich in seiner grundsätzlichen Fähigkeit und Bereitschaft, ein Gemeinschaftsgefühl zu entwickeln. Das Gemeinschaftsgefühl zeigt sich darin, mit anderen Menschen zusammenleben zu wollen, sich auf gemeinschaftliche Normen und Verhaltensweisen einzulassen und durch das eigene Leben einen nützlichen Beitrag zum Leben der Gemeinschaft zu leisten. Es entwickelt sich – nach Adler – zunächst einmal in dem Kontakt des Kleinkindes zur Mutter, die das Kind an sich bindet und ihm Sicherheit geben soll. Anschließend muss sie das Kind auch an andere Personen heranführen, damit das Gemeinschaftsgefühl sich von der Mutter lösen und generalisieren kann (Adler vertritt hier ein Frauenbild, das heute sicherlich problematisch ist, aber sein Grundgedanke, dass das Baby sichere soziale Beziehungen braucht, um ein Gemeinschaftsgefühl zu entwickeln, ist sicherlich noch aktuell).

Die grundsätzliche Stärke des Gemeinschaftsgefühls erkennen wir daran, dass selbst Menschen, die gemeinschaftsschädlich handeln, vorgeben, dies im Interesse der Gemeinschaft zu tun.

Wie kommt es aber zu einer Fehlentwicklung des Sozialverhaltens? Verantwortlich für die Abwendung von der nützlichen sozialen Seite des Lebens ist für Adler ein Minderwertigkeitskomplex, der einhergeht mit einem Überlegenheitskomplex. Durch den Begriff »Komplex« will Adler ausdrücken, dass es sich um eine gesteigerte Form eines an sich normalen Minderwertigkeitsgefühls bzw. Überlegenheitsgefühls handelt. Das normale Minderwertigkeitsgefühl stellt sich unvermeidlich ein, weil der Mensch ein Mängelwesen ist, dem es nicht erspart bleibt, ein Problem nicht zu bewältigen oder es schlechter zu bewältigen als andere (statt von Minderwertigkeitsgefühl wäre es vielleicht klarer, hier von einem Unzulänglichkeitsgefühl zu sprechen, Adler selbst spricht auch von einem Unsicherheitsgefühl – vgl. Adler 1966, S. 76). Diese Erfahrung des Scheiterns machen gerade kleine Kinder, die noch nicht so leistungsfähig sind wie Erwachsene oder ältere Kinder. Ihr seelisches Organ antwortet »auf ein Gefühl der Minderwertigkeit immer mit dem Bestreben, dieses quälende Gefühl auszugleichen ...« (ebd., S. 76). Geschieht dies in einem für die Gemeinschaft akzeptablen oder gar nützlichen Rahmen (Anstrengungs-bereitschaft zur Lösung des Problems, normales Streben nach Erfolg, nach Überlegenheit gewinnen wollen, nach Vervollkommnung) so spricht Adler von einem normalen sozialverträglichen Überlegenheitsge-fühl (Überlegenheit über das Problem: z.B. Überlegenheit über die Krankheit als Motiv, Arzt zu werden). Wird das Minderwertigkeitsgefühl aber als besonders bedrückend empfunden, scheitern die eigenen Lö-sungsversuche oder hat das Kind keine Gelegenheit, eigene Lösungswege auszuprobieren, »dann besteht die Gefahr, dass das Kind in seiner Angst, für sein künftiges Leben zu kurz zu kommen, sich mit dem bloßen Aus-gleich nicht zufrieden gibt und zu weit greift (Überkompensation)« (ebd., S. 77). Es entwickelt sich ein Überlegenheitskomplex als Reaktion auf eine subjektiv als bedrückend empfundene Situation. Nach Adler gibt es drei Gruppen von Kindern, bei denen es sehr wahrscheinlich zu einer Fehlbeurteilung und damit zur Entwicklung eines Überlegenheitskom-plexes kommen wird:

> »1. ... Kinder mit minderwertigen Organen,
> 2. ... verzärtelte Kinder, die nur nehmen und nicht geben,
> 3. ... gehasste Kinder, die nicht wissen, dass es Gemeinschaftsgefühl
> und Interesse für andere gibt.«
> (Adler 1978a, S. 58).

»Kinder mit minderwertigen Organen« (ebd.), d.h. Kinder mit körper-lichen Gebrechen, verfügen oft nicht über die körperlichen Vorausset-zungen, um Aufgaben zu lösen. Wenn sie dann noch von ihren Mitmen-schen dafür gehänselt werden, so werden sie ebenso wie verzärtelte Kin-der, die nie vor Probleme gestellt werden und deshalb keine Lösungs-kompetenz entwickeln können, nach Wegen suchen den Problemen aus-zuweichen. Sie werden entmutigt, einen gemeinschaftsnützlichen Lö-sungsweg zu gehen und suchen nach Wegen, sich irgendwie aus der Situ-ation zu befreien, wobei ihr Gemeinschaftsgefühl abnimmt und sie in ihrem Denken immer egoistischer werden. Bei diesen entmutigten Kin-dern entwickelt sich ein egoistisches Lebensziel und ein entsprechender Lebensstil. Dieser zeigt sich vor allem in neuen Problemsituationen, also auch bei der Einschulung, einem Schul- oder Lehrerwechsel.

Rudolf Dreikurs, ein amerikanischer Individualpsychologe und Schüler Adlers, nennt vier Nahziele eines entmutigten Schülers:

- Streben nach Aufmerksamkeit
- Streben nach Überlegenheit, Macht
- Streben nach Rache, Vergeltung
- Streben nach Hilfe durch Demonstration von Unfähigkeit.

Die folgende Übersicht macht einige Angaben, an welchem Schülerverhalten und an welcher Schülerreaktion auf eine entsprechende Zielsetzung geschlossen werden kann.

Ziel	Verhalten des Kindes	Reaktionen des Lehrers
1. Aufmerksamkeit	Das Kind ist lästig, gibt an, ist faul, stellt andere in seinen Dienst, beschäftigt den Lehrer; denkt:»Ich habe nur dann meinen Platz, wenn man mich beachtet.« Weint, ist charmant, ist übermäßig bemüht zu gefallen, ist übermäßig empfindlich.	Der Lehrer gibt übermäßige Aufmerksamkeit, ermahnt häufig, redet gut zu, fühlt sich belästigt, zeigt Mitleid; denkt:»Das Kind nimmt zu viel meiner Zeit in Anspruch.« Fühlt Unwillen.
2. Macht	Das Kind ist stur, widerspricht häufig, muss gewinnen, muss der Boss sein, lügt häufig, ist ungehorsam; tut das Gegenteil von dem, was es soll; verweigert jede Arbeit; denkt:»Ich zähle nur, wenn andere tun, was ich will.« Muss jede Situation kontrollieren.	Der Lehrer fühlt sich besiegt, fühlt sich in seiner Führungsrolle bedroht; ist besorgt, was andere von ihm denken; hat das Gefühl, das Kind zum Gehorsam zwingen zu müssen; wird ärgerlich; muss dem Kind zeigen, dass er die Leitung der Klasse hat; ist entschlossen, das Benehmen nicht durchgehen zu lassen.
3. Rache	Stiehlt, ist boshaft, gemein, verletzt Kinder und Tiere, ist destruktiv, lügt, schmollt häufig und beklagt sich über andere; glaubt, dass niemand es mag; möchte sich für Verletzungen rächen, die es glaubt von anderen erhalten zu haben.	Fühlt sich verletzt, wird wütend, möchte auch verletzen, lehnt das Kind ab, hält das Kind für undankbar, möchte dem Kind eine Lektion wegen seines gemeinen Verhaltens erteilen; bittet die anderen Kinder, dieses Kind zu meiden; berichtet den Eltern des Kindes, in der Hoffnung, dass diese es bestrafen werden.
4. Unfähigkeit	Fühlt sich hilflos, fühlt sich dumm im Vergleich mit anderen, gibt auf und nimmt an keiner Aktivität teil; fühlt sich am wohlsten, wenn es in Ruhe gelassen wird und nichts von ihm gefordert wird; setzt sich selbst zu hohe Ziele und fängt nichts an, dessen Ergebnis nicht seinen hohen Anforderungen entsprechen wird.	Versucht verschiedene Wege, das Kind zu erreichen, und wird entmutigt, wenn er versagt; hört auf, weiter zu versuchen.

Aus: Dreikurs u.a., 2003, S. 23

Entscheidend ist, dass ein Ziel auf mehreren Wegen angestrebt werden und dass ein Schüler seinen Weg ändern kann, wenn er nicht zum Erfolg führt (die Betonung des Erfolges zeigt, dass trotz grundsätzlich anderer Menschenbilder und Wissenschaftskonzepte zumindest über den Begriff der Verstärkung eine Brücke zwischen der Individualpsychologie und den Lerntheorien geschlagen werden kann). Zur Kategorisierung des unterschiedlichen Verhaltens führen Dreikurs u.a. die Dimensionen aktiv-passiv und konstruktiv-destruktiv ein. Die Merkmale einer Dimension lassen sich jeweils mit den beiden Merkmalen der anderen Dimension kombinieren. So kommt es häufig vor, dass ein Schüler zunächst aktiv-konstruktiv sein Ziel, Aufmerksamkeit zu erlangen, anstrebt, dann aber zu einem aktiv-destruktiven Verhalten wechselt, weil der konstruktive Versuch erfolglos blieb. Nicht selten endet dieser Schüler bei einem passiv-destruktiven Verhalten, das seine Unzulänglichkeit ausdrücken soll, weil die Lehrer seine aktive Destruktivität nicht hinnehmen, ihm aber auch nicht helfen. Zwei weitere häufig vorkommende Verlaufslinien unerwünschten Verhaltens gehen von einem passiv-konstruktiven Verhalten aus und führen direkt oder über aktiv-destruktives Verhalten zu passiv-destruktivem Verhalten, das wiederum die eigene Unzulänglichkeit ausdrücken soll.

4.3.3.3 Die Aufgabe der Schule und des Lehrers

Konfliktmotive der Schüler und Lehrer/innenverhalten

Die Kenntnis des kindlichen Handlungsmotivs gibt dem Lehrer wichtige Hinweise für einen adäquaten Umgang mit dem Schüler. Um Sicherheit über die Ziele eines Schülers zu erhalten, der unerwünschtes Verhalten zeigt, empfehlen Dreikurs u.a. auf die eigenen spontanen Reaktionen und auf die Reaktionen des Kindes zu achten:

»Es gibt zwei verlässliche Wege festzustellen, welches der vier Ziele das Kind mit seinem störenden, unerwünschten Verhalten verfolgt:

1. Wir müssen auf unsere spontane Reaktion auf die kindliche Provokation achten.
   a) Wenn wir uns ärgern, weil das Kind auf unsere Ermahnung, Erklärung und unser gutes Zureden nicht reagiert, haben wir meist ein Kind vor uns, das Aufmerksamkeit will.
   b) Wenn wir uns bedroht oder in unserer Stellung herausgefordert fühlen, weil das Kind nicht zur Mitarbeit bereit ist, und uns genötigt fühlen, es zu dem zu zwingen, was wir von ihm wollen, haben wir es mit einem Kind zu tun, das Überlegenheit anstrebt.

c) Wenn wir uns durch das Kind besiegt und verletzt fühlen, nicht daran denken, was für das Kind gut ist und es am liebsten ›umbringen würden‹, steht ein Kind vor uns, das Vergeltung will.

d) Wenn wir alles ohne Erfolg versucht haben und in Hoffnungslosigkeit die Schultern zucken und sagen, ›Ich geb's auf!‹, haben wir ein Kind vor uns, das Unfähigkeit zur Schau stellt.

2. Das Ziel des Kindes zeigt sich darin, wie es auf unsere Maßregelung reagiert.

a) Wenn das Kind auf unsere Maßregeln hin mit seinem störenden Verhalten aufhört, dann wissen wir, dass es Aufmerksamkeit wollte. Es kann jedoch mit dem störenden Verhalten wieder anfangen, in der Hoffnung auf weitere Aufmerksamkeit.

b) Wenn das Kind mit seinem störenden Verhalten fortfährt trotz Ermahnung oder Strafe, strebt es nach Überlegenheit. Es verstärkt unter Umständen sogar sein unerwünschtes Verhalten.

c) Wenn ein Kind auf Maßnahmen hin wütend beleidigend wird, fühlt es sich ungerecht behandelt und will Vergeltung.

d) Wenn ein Kind nichts tut und einfach nur dasitzt, nachdem es aufgefordert und ermahnt worden ist, will es seine Unfähigkeit deutlich machen.

Die vier Ziele unerwünschten Verhaltens gelten nur für Kinder, die für uns, die Lehrer und für sich selbst Probleme schaffen.«
(Dreikurs u.a. 2003, S. 30ff.)

Hat der Lehrer die Zielsetzung des Schülers erkannt, kommt es darauf an, diese zu verändern. Hierzu sollte er den Schüler in geeigneter Weise mit Fragen konfrontieren und auf dessen spontane Reaktion, den »recognition reflex« (Dreikur u.a., S. 32) achten. Folgende Fragen sollten gestellt werden, wobei darauf zu achten ist, dass der Schüler in dem Gespräch nicht angeklagt wird, indem der Lehrer »Du-Botschaften« sendet.

Konfliktlösendes Lehrerverhalten

Wenn wir das Kind mit seinem Ziel seines unerwünschten Verhaltens konfrontieren, bevorzugen wir folgendes Vorgehen:

1. ›Weißt du, weshalb du ... ?‹ Wir wissen, dass das Kind nicht weiß, weshalb es sich unerwünscht verhält. Stellen aber diese Frage, weil sie als Vorbereitung für den nächsten Schritt notwendig ist.

2. ›Ich würde dir gerne sagen, was ich denke, möchtest du es hören?‹ In der Regel wird das Kind es hören wollen. Wenn es allerdings ›nein‹ sagt, müssen wir das respektieren und eine andere Gelegenheit nutzen.

Zur Konfrontation benutzen wir eine oder mehrere der folgenden Fragen für jedes Ziel. Die Fragen sollen der Reihe nach für jedes der vier Ziele gestellt werden, auch dann, wenn das Kind bereits einen ›recognition reflex‹ gezeigt hat; denn es kann sein, dass es mehr als ein Ziel verfolgt. Wir können z.B. einen ›recognition reflex‹ bemerken, wenn wir nach dem Ziel ›Aufmerksamkeit‹ fragen und uns damit zufrieden geben. Später finden wir dann heraus, dass das Kind auf der Grenze zwischen ›Aufmerksamkeit‹ und ›Überlegenheit‹ handelt, vielleicht sogar mehr in Richtung ›Überlegenheit‹.

Wir benutzen die Frageform, um dem Kind sein Ziel bewusst zu machen. Dadurch sieht das Kind, dass wir nicht alles wissen. Nur es selbst weiß, wann die richtige Frage gestellt worden ist. Jede Frage beginnt mit ›Könnte es sein, dass ...?‹

Aufmerksamkeit
›Könnte es sein, dass du möchtest, dass
- ich mich mit dir beschäftige?
- ich mehr für dich tue?
- ich dich mehr beachte?
- ich dir mehr helfe?
- ich komme und bei dir bleibe?
- ich etwas Besonderes für dich tue?
- die ganze Gruppe (Klasse) sich mit dir beschäftigt?
- du im Mittelpunkt der Gruppe stehst?‹

Überlegenheit (Macht)
›Könnte es sein, dass
- du der Tonangebende, der Verantwortliche sein willst?
- du der ›Boss‹, der ›King‹ sein willst?
- du mir zeigen willst, dass du tun kannst, was du willst?
- du mir zeigen willst, dass ich dich nicht aufhalten kann?
- du mir zeigen willst, dass ich dich nicht zwingen kann?
- du bestimmen willst, was du tust, wann du es tust und niemand dich davon abhalten kann, wenn du es tust?‹

Vergeltung (Rache)
›Könnte es sein, dass
- du mich bestrafen willst?
- du dich rächen willst?
- du mich (ihn, sie) verletzen willst?
- du möchtest, dass ich mir schlecht, böse vorkomme?

- du mir zeigen willst, wie man sich fühlt, wenn man so behandelt wird?
- du möchtest, dass ich leide?
- du zeigen willst, wie sehr du das hasst, was ich getan habe?
- du mir zeigen willst, dass ich mir das nicht erlauben kann?
- du uns alle verletzen willst?‹

Unfähigkeit zur Schau stellen
›Könnte es sein, dass

- du in Ruhe gelassen werden willst, weil du nichts kannst?
- du in Ruhe gelassen werden willst, weil du Angst hast zu versagen?
- du in Ruhe gelassen werden willst, weil du nicht der Erste, der Beste sein kannst?
- du möchtest, dass ich aufhöre, dich zu bitten, es zu tun?
- du meinst, die Antwort nicht zu wissen, und nicht möchtest, dass andere das wissen?
- du einfach keine Lust hast, etwas zu tun, ganz gleich, was es ist?‹

Wir müssen vorsichtig sein und dem Kind keine Anklage entgegenhalten, wie z.B. ›Du tust dies nur, um Aufmerksamkeit zu erhalten‹; denn diese würde das Kind zurückweisen und verneinen. Die Frage ›Könnte es sein, dass ...?‹ ist keine Anklage; es ist nur ein Raten und kann falsch oder richtig sein. Haben wir falsch geraten, müssen wir es weiter versuchen.« (Dreikurs u.a. 2003, S. 32f.).

Hat der Schüler seine Zielsetzung erst einmal erkannt, so kann er an deren Veränderung arbeiten. Auch hierbei braucht er eventuell die Hilfe des Lehrers, wobei generell ein demokratisch-kooperatives Lehrerverhalten, die Betonung der Klassengemeinschaft und die Bereitschaft des Lehrers zum Gespräch förderlich sind (hier ergibt sich ein deutlicher Zusammenhang mit der Kommunikationspsychologie!), während Strafe als sinnlos angesehen wird.

4.3.4 Klassische Lerntheorien

Da menschliches Verhalten dieser Theorie zufolge nicht durch angeborene Verhaltensmuster festgelegt ist, muss der einzelne Mensch seine Verhaltensweisen »selbst entwickeln« (vgl. Kap. 2). Dabei wird er massiv durch seine Umwelt beeinflusst. Verhaltensweisen, die relativ stabil sind und die auf Erfahrungen aufbauen, bezeichnen wir als erlernt. Über den Prozess des Lernens gibt es verschiedene »klassische« Theorien, die für die Bearbeitung von Konflikten hilfreich sind (vgl. ergänzend Kap. 4.3.7).

Konflikte, Lösungen und Lerntheorien (klassisch)

Das klassische Konditionieren betont die Verbindung eines neutralen Reizes, der ursprünglich keine bestimmte Reaktion auslöste, mit einer bestimmten Reaktion, die ursprünglich (als Teil eines Instinktes) durch einen bestimmten Signalreiz ausgelöst wurde. So erzeugt zum Beispiel zuwendendes bzw. abweisendes Verhalten ein Gefühl des Wohlfühlens bzw. des Unwohlfühlens bei der Person, der sich jemand zu- bzw. von der sich jemand abgewendet hat. An dieses Grundmuster menschlichen Empfindens können nun die Erfahrungen mit Lehrern (unbewusst) angebunden werden. Durch sein Verhalten wird der Lehrer und vielleicht sogar die Schule zu einem Auslösereiz für Wohlbefinden oder Unwohlsein in der Schule.

Das Kontiguitätslernen betont im Unterschied zum Klassischen Konditionieren, dass ein ursprünglich neutraler Reiz nicht nur an instinktähnliche Reiz-Reaktionskoppelungen angebunden werden kann, sondern dass jeder raum-zeitliche Zusammenhang zweier Reize zu einer Verhaltensänderung, d.h. zum Lernen, führen kann. Eine bewährte Methode zur Neueinführung von Vokabeln ist z.B. das Zeigen des Gegenstandes und das Nennen des Wortes. Für das Verständnis und die Lösung von Konflikten leisten die beiden genannten Theorien aber keinen wesentlichen Beitrag. Dies gelingt den Theorien vom operanten Konditionieren und dem Beobachtungslernen weitaus besser.

4.3.4.1 Operantes Konditionieren (Verstärkungslernen)

Skinner betont, dass Lebewesen vor allem durch die Konsequenzen, die eine (z.T. zufällige) Handlung für sie hat, gelenkt werden. Skinner hat festgestellt, dass die Auftretenswahrscheinlichkeit einer Handlung steigt, wenn auf diese Handlung eine Konsequenz folgt, die positiv beurteilt wird. Solche Reize, die eine steigernde Wirkung auf das Auftreten einer Handlung haben, nennt Skinner Verstärker. Den Lehrer werden zwei Fragen interessieren: Was sind geeignete Verstärker? Wie organisiere ich den Verstärkungsprozess? Darüber hinaus ist zu klären, ob diese Theorie der Verhaltensmodifikation auch erklären kann, wie der Lehrer unerwünschtes Verhalten abbauen kann.

a) Positive und negative Verstärkung

Verstärkung ist demnach ein Prozess in dem das Verhalten eines Lebewesens durch die Darbietung von Verstärkern geformt wird. Das operante Konditionieren unterscheidet zwischen zwei Arten von Verstärkern:

»1. Ein positiver Verstärker ist ein Reiz, der zu einem Anstieg der Auftretenswahrscheinlichkeit einer Wirkreaktion führt, wenn er zu einer Situation hinzutritt. Beispiele für positive Verstärker sind Futter, Wasser, sexueller Kontakt usw.

2. Ein negativer Verstärker ist ein Reiz, der die Auftretenswahrscheinlichkeit einer Wirkreaktion erhöht, wenn er aus einer Situation herausgenommen wird. Beispiele hierfür sind etwa starker Lärm, ein sehr helles Licht, extreme Hitze oder Kälte, ein elektrischer Schlag usw.«
(Zimbardo, S. 244)

Zu betonen ist, dass es in beiden Varianten der Verstärkung darum geht, die Auftretenswahrscheinlichkeit einer Verhaltensweise zu erhöhen, indem für den Handelnden eine als angenehm empfundene Situation hergestellt wird. Im Falle der positiven Verstärkung geschieht dies, indem man der Situation etwas hinzufügt, wenn man z.B. einem hungrigen Tier Futter gibt oder einen Schüler für sein Verhalten lobt. Bei der negativen Verstärkung entfernt man aus einer unangenehmen Situation den störenden Reiz, nachdem ein bestimmtes Verhalten geäußert wurde. So wurde bei einem Rattenexperiment der Strom, der durch die Bodenplatte, auf der die Ratte sich bewegte, ausgeschaltet, sobald die Ratte einen Hebel drückte. Ein unordentlicher Schüler, der von seinem Lehrer ständig getadelt wird, »entdeckt«, dass der Lehrer ihn nicht tadelt, wenn er sorgfältig arbeitet.

Zur Verstärkung des Schülers ist es für den Lehrer wichtig, auf die gewünschte Schülerhandlung so zu reagieren, dass der Schüler dies als angenehm empfindet. Der Lehrer ist also darauf angewiesen, Reize zu finden, die der Schüler als angenehm empfindet, wobei dies sehr individuell und situationsspezifisch sein kann (Lob von dem Lehrer kann für den Schüler sehr unangenehm sein, wenn das gelobte Verhalten eigentlich keine Leistung darstellt oder wenn der Schüler einer Clique angehört, die den Lehrer oder die Schulleistung verachtet). Lehrer müssen also sehr genau darüber nachdenken, was den individuellen Schüler verstärkt. Gleichwohl kann man davon ausgehen, dass die Alltagserkenntnis »Erst kommt die Arbeit, dann das Vergnügen« zur Verstärkung genutzt werden kann. »Eine Tätigkeit, die zum Zeitpunkt Y bevorzugt wird, kann eine Tätigkeit verstärken, die zum Zeitpunkt X weniger bevorzugt wird.« (Premack-Prinzip). Eltern und Lehrer handeln aber oft genau entgegengesetzt zu dem Premack-Prinzip: Weil das Kind nicht arbeiten, sondern spielen möchte und deshalb quengelt, sagen sie: »Gut, spiel' erst eine Stunde und mach' dann deine Aufgaben.« Aus welchem Grund sollte das Kind dann aber seine Aufgaben lieber erledigen? Ist es nicht ein besserer Anreiz zu sagen: »Wenn du deine Aufgaben gemacht hast, dann kannst du spielen?« So wird die Erfüllung des Wunsches zum Spielen zum Verstärker für die vorherige Erledigung der ungeliebten Hausaufgaben.

Neben den bisher genannten Verstärkern, denen gemeinsam ist, dass sie unmittelbar konsumiert werden können, gibt es auch die Möglichkeit, Mittel einzusetzen, die nicht direkt als angenehm empfunden werden, aber gegen Annehmlichkeiten eingetauscht werden können (Gutscheine, token). Der Vorteil dieser »Gutscheinverstärkung« (token economies) besteht darin, dass der Lehrer unabhängiger wird von den individuellen Neigungen der Schüler.

Im Unterschied zur Verstärkung, die als angenehm empfunden wird, ist die Bestrafung für den Bestraften unangenehm. Strafe geschieht, indem wir einen unangenehmen Reiz hinzufügen oder einen angenehmen Reiz entfernen. Ziel der Strafe ist der Abbau eines unerwünschten Verhaltens. Strafe darf also nicht mit der negativen Verstärkung verwechselt werden!

b) Verstärkungspläne

Zur Organisation von Verstärkung gibt es zahlreiche Möglichkeiten, wichtig ist aber immer, dass ein Verstärker möglichst unmittelbar auf das erwünschte Verhalten folgt (s. Kontiguitätslernen): Jedes gewünschte Verhalten (kontinuierliche Verstärkung) oder nur manche dieser Verhaltensweisen (intermittierende Verstärkung) werden verstärkt. Bei der intermittierenden Verstärkung werden Intervallpläne angelegt, in denen festgelegt wird, ob eine Verstärkung erfolgt, wenn

● eine gewünschte Anzahl von erwünschten Verhaltensweisen (Quotenpläne) oder wenn
● das erwünschte Verhalten nach einer festgelegten Zeitspanne (Intervallpläne) gezeigt wurde.

Sowohl bei Quoten- wie auch bei Intervallplänen können wir zwischen festen Plänen (jedes fünfte Wunschverhalten wird verstärkt bzw. das gewünschte Verhalten wird nach jeweils fünf Minuten verstärkt) und variablen Plänen unterscheiden, bei denen zwar die durchschnittliche Quote bzw. das durchschnittliche Intervall festgelegt werden, die Verstärkung aber um diesen Durchschnittswert streut.

Untersuchungen zur Effektivität der Verstärkung zeigen, dass die intermittierende Verstärkung Verhalten erfolgreicher modifizieren kann als die kontinuierliche Verstärkung, weil zusammen mit der Verstärkung gelernt wird, dass ein Verstärker auch ausbleiben kann. Gerade dieses Ausbleiben kann dann das Motiv sein, die Handlung fortzusetzen, es wei-

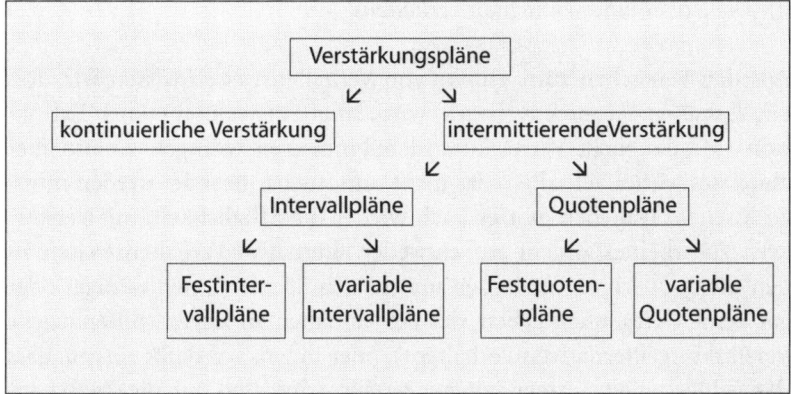

ter zu probieren, um doch noch in den Genuss des Verstärkers zu kommen. Allerdings kann es gerade zu Beginn des Lernprozesses sinnvoll sein, möglichst oft, eventuell sogar kontinuierlich, zu verstärken.

Will man erreichen, dass eine Verhaltensweise möglichst kontinuierlich auftritt, so sind die variablen Verstärkungspläne den festen gegenüber zu bevorzugen. Letzten Endes gilt aber, dass jedes Verhalten nur dann beibehalten wird, wenn es sich lohnt, d.h. wenn es hin und wieder verstärkt wird. Aus diesem Grund ist es wichtig, dass wir die Fremdverstärkung, die wir nicht immer und ewig gewährleisten können, dadurch ersetzen, dass sich der Lerner selbst verstärkt (siehe Beobachtungslernen!).

c) Kontingenzverträge zwischen Lehrern und Schülern

Bisher sind wir der Frage nachgegangen, wie wir erwünschtes Verhalten verstärken, ohne zu klären, wie wir das gewünschte Verhalten zunächst einmal herbeiführen können (Skinner geht ja von spontan auftretendem Verhalten aus). Ein geeignetes Mittel hierfür bietet die kontingente Verstärkung, bei der Schülerinnen und Schülern die Bedingungen bewusst gemacht werden, unter denen sie eine Verstärkung erhalten (»Wenn du die Aufgaben fünf Mal ordentlich erledigst, hast du einen Tag aufgabenfrei.«) bzw. nicht erhält. Diese Bedingungen sollten nicht autoritär gesetzt werden, sondern müssen ausgehandelt und eventuell als schriftlicher Vertrag festgehalten werden. Wichtig ist, dass Lehrer/innen die Schüler/innen bei solchen Verträgen nicht übervorteilen, d.h. die Verträge sollten ein realisierbares Ziel mit geeigneten Mitteln (Zwischenschritte beachten!) anstreben und eine faire Belohnung enthalten. Es versteht sich von selbst, dass sich alle Parteien an die Vereinbarungen halten müssen (vgl. 4.2).

d) Der Abbau unerwünschten Verhaltens

Aus den Versuchen zum Aufbau von Verhaltensweisen wissen wir, dass ein Verhalten, das nicht verstärkt wird, langfristig gelöscht wird (Extinktion). Mit der Nicht-Verstärkung, dem Ignorieren, verfügen wir also über ein erstes Mittel Verhalten, das nicht unmittelbar beendet werden muss, zu löschen. Daneben gibt es auch wieder die Möglichkeit, mit Verstärkern zu arbeiten, indem wir entweder alternative Verhaltensweisen zu den unerwünschten verstärken und so den Schüler/innen weniger oder gar keine Gelegenheit geben, das Fehlverhalten zu zeigen (differenzielle Verstärkung alternativen Verhaltens), oder indem wir dafür sorgen, dass das Fehlverhalten immer seltener gezeigt wird, und wir die Zwischenschritte in diesem Abbauprozess gezielt verstärken (differenzielle Verstärkung niedriger Reaktionsquoten). Die letzte Möglichkeit unerwünschtes Verhalten abzubauen ist, wie wir schon gesehen haben, die Bestrafung. Diese kann vor allem, wenn sie von dem Bestraften als hart genug eingestuft wird, ein effektives Mittel der Beeinflussung sein, sollte aber nur eingesetzt werden

> »... wenn sie
>
> - unmittelbar auf das Verhalten erfolgt, das bestraft werden soll;
> - keine Ausweich- oder Fluchtmöglichkeit zulässt;
> - so intensiv wie nötig ist;
> - dem Schüler eine alternative und wünschenswerte Reaktion zur Verfügung stellt.
>
> Wann immer möglich, sollte man den Schüler verwarnen, statt ihn zu bestrafen. Wenn allerdings die Verwarnung ein Verhalten nicht unterdrückt und keine positive Alternative zur Verfügung steht, sollte bestraft werden.«
> (Gage 1996, S. 255f.).

Strafe sollte also ein letztes Mittel sein, das der Lehrer gerecht (!) einsetzt. Vor allem sollte er sich der Gefahren der Bestrafung bewusst sein: Strafe kann Angst, Hass und Widerstand erzeugen. Diese können auf strafende Lehrer/innen bezogen bleiben, aber auch auf das Fach, andere Lehrer/innen und die Schule bzw. das Lernen generell bezogen werden und zu weiteren unerwünschten Schülerhandlungen führen (sich am Lehrer rächen, die Mitarbeit in der Schule verweigern bis hin zum Schuleschwänzen). Außerdem gilt auch bei der Strafe, dass die Menschenwürde des Schülers zu achten ist. Der Lehrer darf also auf gar keinen Fall beleidigen und den Schüler in seiner Persönlichkeit kränken. Und letzten Endes gilt:

»Ständiges Bestrafen ist ein Symptom dafür, dass etwas mit den Verhaltensweisen und Methoden des Lehrers oder mit der ganzen schulischen Situation nicht stimmt. Als Pädagoge muss er diese Unstimmigkeit als Herausforderung betrachten. Wenn er sich dieser Herausforderung stellt, wird sich auch die Notwendigkeit zu strafen verringern.« (Gage 1996, S. 257)

Bei der hier geforderten Selbstreflexion sollten Lehrer/innen vor allem über ihr Verhältnis zu Schüler/innen im Allgemeinen und zu den zu bestrafenden Schüler/innen im Besonderen sowie über ihren Unterricht nachdenken. Letzterer sollte den Kriterien guten Unterrichts entsprechen, d.h., er sollte abwechslungsreich gestaltet und strukturiert werden, den Schülern Gelegenheit zur Mitbestimmung und Eigenaktivität (auch zum eigenen Denken!) geben und möglichst allen Schülern verständlich sein (vgl. Schulz von Thun 1998, S. 140–155). Ein solcher Unterricht wird zwar nicht absolut störungsfrei verlaufen, aber die Anzahl der Störungen deutlich reduzieren. Probleme hat das Verstärkungslernen damit, neu auftretende (komplexe) Verhaltensweisen zu erklären. Der Fragestellung, woher die Anregung zu einem Verhalten kommt, das man bisher noch nicht kannte, ist Bandura nachgegangen.

4.3.4.2 Das Modelllernen

Bandura hat in Experimenten nachgewiesen, dass Verhalten durch die Nachahmung realer oder fiktiver Modelle erlernt werden kann, wobei sich dieser Lernprozess in vier Phasen unterteilen lässt:

- Aufmerksamkeitsphase;
- Behaltensphase;
- Reproduktionsphase;
- Motivationsphase.

Wesentlich für das Lernen von einem Modell ist zunächst einmal, dass dieses Modell beachtet wird. Die Beachtung hängt dabei ab von Merkmalen

- des Modells (positiv wirken ein hoher Status und eine hohe Kompetenz des Modells – Merkmale, die auch für Lehrer gelten!),
- des Beobachters (Bedürfnisse, Selbstbild),
- der Situation (Aufmerksamkeitsanreize, die der Lehrer gut steuern kann: »Was wir jetzt machen, ist ganz besonders wichtig für die nächste Klassenarbeit.«) und

- der Qualität der Stimuli (Verstehbarkeit, Eindeutigkeit, Auftretens-
häufigkeit, Komplexität. Diese Punkte sind unmittelbar relevant für
die Unterrichtsgestaltung und haben einen Bezugspunkt in der Didaktik und Unterrichtsmethodik sowie in der Kommunikationspsychologie!).

Damit der Schüler das Beobachtete behält, ist es sinnvoll, ihm zusätzlich
verbale und/oder visuelle Schemata anzubieten, die die symbolische Re-
präsentation im Gehirn unterstützen. Die Reproduktion des vom Modell
abgeschauten Verhaltens wird durch Übung und Rückmeldung über die
Reproduktionsqualität gefördert. Die Motivation ist schließlich notwendig, damit das Modellverhalten auch tatsächlich nachgeahmt wird. Dies
geschieht, wenn es sich lohnt, d.h., wenn es verstärkt wird (Bezug zum
operanten Konditionieren), und es wird evtl. unterlassen, wenn Strafe
droht. Aber nicht nur die Konsequenzen für den Nachahmer sind wesentlich, dieser wird auch durch die beobachteten Konsequenzen, die das
entsprechende Verhalten für das Modell oder für andere Personen hatte,
beeinflusst (stellvertretende Verstärkung bzw. Bestrafung). Deutlicher als
das operante Konditionieren weist also das Beobachtungslernen auf die
Bedeutung kognitiver Prozesse beim Lernen hin.

> »Sowohl bei der operanten Konditionierung als auch bei der sozialen
> Lerntheorie liegen die Mechanismen, nach denen wir lernen, nicht
> jenseits unserer kognitiven Kontrolle. Wir üben diese Kontrolle da-
> durch aus, dass wir bewusst über uns selbst nachdenken.«
> (Gage 1996, S. 269)

Wir beurteilen auch, ob eine Konsequenz angenehm oder unangenehm
ist oder ob uns ein Verhalten so wichtig ist, dass wir es realisieren. Wenn
uns das Verhalten persönlich wichtig ist, dann werden wir sogar von den
Verstärkungen anderer unabhängig. Wir können uns selbst beobachten,
was oft schon zu einer Verhaltensänderung führen kann; wir können
unser Verhalten selbst beurteilen und wir können uns selbst verstärken
und dabei sogar die Verstärker selbst bestimmen. (Wenn ich diesen Ab-
schnitt geschrieben habe, darf ich eine Pause einlegen.) Diese Fähigkeit
zur Selbststeuerung aufzubauen, sollte ein wichtiges Unterrichtsziel sein.
Problemschülern kann z.B. durch das Ausfüllen von Selbstbeobachtungsbögen geholfen werden, ihre Aufmerksamkeit auf das erwünschte
Verhalten zu lenken, indem sie in Selbstbeobachtungsbögen bei entspre-
chendem Verhalten ein Kreuz in die Spalte »Ich habe aufgepasst«, – »Ich
habe mich gemeldet«, – »Ich wurde aufgerufen« – eintragen dürfen.
Unterstützt werden kann dieser Prozess zunächst durch Fremdverstärkung, die allmählich in Selbstverstärkung überführt wird. Eine Hilfe

hierfür können z.B. sich selbst verstärkende Modelle sein, die der Schüler beobachtet. Für Lehrer/innen ist die Kenntnis des Beobachtungslernens wichtig, weil sie nachahmende Unterrichtsprozesse besser verstehen und damit auch organisieren können, sie auf Ursachen für Fehlverhalten im Umfeld der Schüler/innen (falsche Modelle) hingewiesen, ihnen Hinweise zur Verhaltensmodifikation gegeben werden (s. Selbstbeobachtungsbögen) und ihnen bewusst wird, dass auch sie Modell für ihre Schüler/innen sind. Ohne die Modellwirkung des Lehrers überschätzen zu wollen muss doch gesehen werden, dass er die Schüler beeinflusst. Wie sollen z.B. die Schüler den Unterricht ernst nehmen und zuverlässig arbeiten, wenn der Lehrer jede Unterrichtsstunde zu spät kommt und oft selbst nicht vorbereitet ist? Wie sollen Schüler lernen, ihre Arbeiten klar zu strukturieren, wenn der Lehrer es nicht schafft, seinen Unterricht und seine Rede zu strukturieren? Hier wird deutlich, dass der Lehrer auch ein Modell für kommunikative Prozesse ist, auf die im Weiteren näher eingegangen wird.

4.3.5 Kommunikationspsychologie

Interpretiert man die Lehrer-Schüler-Interaktion als einen Kommunikationsprozess, so stellt sie sich als ein Austausch von Nachrichten zwischen einem Sender und einem Empfänger dar. Dabei wird der Empfänger nicht als passiver Rezipient aufgefasst, sondern als ein aktiver Interpret der Nachricht, der diese auch ganz anders verstehen kann, als der Sender dies beabsichtigt hat. So kann die Schülerfrage: »Was haben Sie eben gesagt?« (er hat die Worte des Lehrers, obwohl er es ernsthaft versuchte, nicht deutlich hören können) zu der verärgerten Lehrerantwort führen: »Du musst halt besser aufpassen.« (der Lehrer interpretiert die Frage [eventuell auf Grund seiner Erfahrungen mit diesem Schüler] als Folge eines von dem Schüler zu verantwortenden Nichtaufpassens, obwohl dies in dieser Situation völlig unberechtigt sein kann).

Im Folgenden sollen in Anlehnung an Watzlawicks Grundregeln menschlicher Kommunikation (vgl. Watzlawick u.a. 1969) wesentliche Aspekte der Kommunikationstheorie erläutert werden.

Konflikte, Lösungen und Lerntheorien (Kommunikationspsychologie)

4.3.5.1 Menschliche Kommunikation erfolgt verbal oder non-verbal

Nachrichten kann der Mensch mit Worten oder durch Gesten, Mimik, Körpersprache bzw. Intonation übermitteln. Wenn wir in einen Aufzug treten, uns wortlos umdrehen und zur Tür blicken (so wie fast alle Menschen in einem Aufzug), so übermitteln wir die Nachricht: Lasst mich in

Ruhe, sprecht mich nicht an. Dasselbe passiert in einer Schulklasse: Die Schüler achten, wie alle Menschen, auf die Worte und noch genauer auf die non-verbalen Äußerungen, die sie hervorragend nachahmen können. Kommt es nun zu einem Widerspruch zwischen den Worten und der non-verbalen Ebene, ist die Nachricht also inkongruent, so wissen sie nicht eindeutig, welche Nachricht gilt, in der Regel werden sie sich aber an der non-verbalen Botschaft orientieren. Da dem Lehrer aber gerade dieser Teil seiner Nachricht unbewusst ist, wundert er sich darüber, warum die Schüler ihm nicht aufs Wort gehorchen; liegt es vielleicht daran, dass der Lehrer mit zögerlicher Stimme gesprochen oder aber einen zu freundlichen Gesichtsausdruck gezeigt hat?

4.3.5.2 Man kann nicht nicht-kommunizieren

Wie das erste Axiom gezeigt hat, können wir nicht mit anderen zusammen sein, ohne Nachrichten zu übermitteln. Ein Schüler, der mit dem Lehrer nichts mehr zu tun haben will, kann nicht einfach eine kommunikationsfreie Situation herstellen, indem er mit dem Lehrer nicht mehr spricht. Das Nichtsprechen übermittelt auch eine Botschaft, die der Lehrer interpretiert. Denn es kann für den Schüler sehr unangenehm werden, wenn er mit dem Lehrer nicht mehr spricht, weil er sich von diesem beleidigt fühlt, und der Lehrer dies als Dummheit interpretiert und ihm eine schlechte Zensur für seine fehlende Leistung gibt.

4.3.5.3 Jede Kommunikation weist einen Inhalts- und einen Beziehungsaspekt auf

Eine interessante Ergänzung zu Watzlawicks Differenzierung zwischen einem Inhalts- und einem Beziehungsaspekt stellen die Arbeiten von Friedemann Schulz von Thun dar. Schulz von Thun (1998) unterscheidet insgesamt zwischen vier Aspekten einer Botschaft: dem »Sachinhalt (oder: Worüber ich informiere)« (S. 26), den Watzlawick Inhaltsaspekt nennt; der »Selbstoffenbarung (oder: Was ich von mir kundgebe)« (S. 26); der »Beziehung (oder: Was ich von dir halte und wie wir zueinander stehen)« (S. 27) und dem »Appell (Wozu ich dich veranlassen möchte)« (S. 29). Für die Analyse von Kommunikationsprozessen ist wichtig, dass ein Sender mit einer Nachricht immer die genannten vier Aspekte übermitteln kann und dass der aktive Empfänger immer mehrere Interpretationsmöglichkeiten hat. Schulz von Thun spricht in diesem Kontext von dem »vierohrigen Empfänger« und weist darauf hin, dass die »Ohren« und damit die Interpretationsgewohnheiten sehr ungleichmäßig entwikkelt sein können (hier ergibt sich eine interessante Verbindung zur Individualpsychologie, indem wir fragen können, welche Zielsetzung sich darin ausdrückt, dass ein Mensch einen bestimmten Aspekt beim Senden bzw. Interpretieren von Nachrichten bevorzugt). Diese Vielschichtigkeit der Botschaft führt zu zahlreichen Möglichkeiten, die den Kommunikationsprozess stören und zu Konflikten führen können, weil eine Nachricht unterschiedlich interpretiert wird. Ein Beispiel hierzu findet sich zu Beginn dieses Kapitels: Während der Schüler eine ernst gemeinte Informationsfrage stellt, interpretiert der Lehrer diese vor dem Hintergrund seiner Beziehung zu dem Schüler, der für ihn ein Störer ist, als Ausdruck des Nichtaufpassens.

4.3.5.4 Kommunikationsprozesse können unterschiedlich interpunktiert werden

Die Interpretation, das Verständnis der Nachricht, ist durch die Interpunktion der Kommunikationsabläufe seitens der Partner bestimmt, womit gemeint ist, dass verschiedene Menschen denselben Kommunikationsprozess unterschiedlich deuten, weil sie ihn in ihrer Wahrnehmung an verschiedenen Stellen beginnen lassen. Für den Schüler in unserem bereits mehrfach genannten Beispiel beginnt die Kommunikation mit dem Nichtverstehen der Lehrerworte und er reagiert mit einer Frage. Für den Lehrer beginnt der Kommunikationsprozess in der Vergangenheit und er interpretiert die Frage des Schülers vor dem Hintergrund dieser Vergangenheit. Häufig kommt es auf Grund dieser unterschiedlichen Interpunktion auch zu differenten Schuldzuweisungen: Der Schüler verhält sich störrisch und stört den Unterricht, weil der Lehrer ihn nicht leiden kann (»Immer meckert er nur mit mir. Wenn die anderen Unsinn machen, sagt er nichts.«), während der Lehrer behauptet, dass der Schüler von der ersten Stunde an auffällig gewesen sei und alle seine pädagogischen Maßnahmen erfolglos waren.

4.3.5.5 Kommunikationsprozesse verlaufen symmetrisch oder komplementär

Dieses Axiom verweist darauf, dass die Kommunikationspartner gleiche (symmetrische Kommunikation) oder ungleiche Rechte und Kommunikationsmöglichkeiten (komplementäre Kommunikation) haben. Für eine konstruktive Konfliktlösung dürfte eine symmetrische Kommunikationsstruktur notwendig sein, weil alle Konfliktparteien ihren Standpunkt und ihre Erwartungen an die Konfliktlösung gleichberechtigt einbringen müssen, um zu einer freiwilligen Einigung zu kommen. Damit soll nicht gesagt werden, dass die symmetrische Kommunikation in allen Erziehungs- und Lebenssituationen die bessere sein muss, weil es z.B. sehr sinnvoll sein kann einem Experten mehr Entscheidungsbefugnisse einzuräumen als einem Laien oder Novizen. Problematisch dürften komplementäre Machtstrukturen aber dann werden, wenn sie sachlich nicht legitimierbar sind. In diesem Fall kann es schnell zu dem Versuch des Benachteiligten kommen, die Kommunikationsstruktur durch Regelverstöße zu ändern, d.h. die komplementäre Kommunikation führt zum Konflikt. Dies ist der Fall, wenn in der Schule unterschiedliche Regeln für Lehrer und Schüler gelten und die Lehrer im Gebäude rauchen dürfen, die erwachsenen Schüler aber nicht. In der Regenpause stehen dann die rauchenden Schüler im Treppenhaus und der rauchende Lehrer will den Schülern das Rauchen verbieten, was zu einer entsprechenden Diskussion führt (siehe Modellernen!). Die Lösung für misslingende Kommunikationsprozesse bietet die *Metakommunikation*, die Kommunikation über die Kommunikation, die Klärung der beabsichtigten und der interpretierten Information. Metakommunikation kann man üben, es kann aber sein, dass (zumindest anfänglich) ein »Klärungshelfer« notwendig ist, eine am Konflikt nicht beteiligte Partei.

4.3.6 Lösungsmöglichkeiten

**Konflikt-
bewältigung** Aus den vorgestellten Theorien lassen sich Überlegungen zur Konfliktbewältigung ableiten. Zunächst einmal kommt es darauf an, den Konflikt zu analysieren.

4.3.6.1 Die Konfliktanalyse

In Anlehnung an die Transaktionsanalyse bietet sich folgendes Analyse-Raster (s. S. 63) an, wobei Aspekte der vorgestellten Theorien eingearbeitet sind.

Mit der Analyse des Konfliktes ist es natürlich nicht getan, aber die Analyse hilft, sich selbst und den Konfliktpartner zu verstehen. Das Ziel ist aber, den Konflikt zu bewältigen.

Frageraster zur Konfliktanalyse

Faktoren des transaktionalen Modells	Fragen zum Lehrer	Fragen zum Schüler
Soziale Lernvergangenheit	• Welche Erfahrungen habe ich in der Erziehung/Sozialisation gemacht? • Welche Modelle hatte ich? • Welche Erfahrungen habe ich in Konflikten gemacht? • Welche Modelle hatte ich? • Welche Verhaltensweisen wurden (stellvertretend) verstärkt? • Welches Lebensziel hat sich entwickelt?	• Welche Erfahrungen hat der Schüler in der Familie und Schule, aber auch in »peer-groups«, Vereinen etc. generell und mit Konflikten gemacht? • Welche Modelle hatte er? • Welche Verhaltensweisen wurden verstärkt? • Welches Lebensziel hat der Schüler?
Gegenwärtige soziale Beziehungen und Erfahrungen	Was meine ich, das andere (Vorgesetzte, Kollegen, Schüler, Eltern, ...) in dieser Situation von mir erwarten? (Erwarten die anderen das wirklich?)	• Welche relevanten Bezugspersonen und -gruppen (Modelle) gibt es hier und jetzt für den Schüler? • Was erwarten diese von ihm? • Welche Erwartungen unterstellt der Schüler anderen Personen?
Objektivierte Einflüsse	Wie werde ich durch Erlasse, Dienstanweisungen, Fachbücher, Massenmedien in meinem Berufsverhalten und Lehrerbild beeinflusst?	• Wodurch und wie wird der Schüler beeinflusst (z.B. Schulordnung, Auflagen der Lehrer, Massenmedien [Modelle])? • Wie interpretiert der Schüler diese Erwartungen?
Persönlichkeitsmerkmale	• Welche Werte, Normen, Lebensziele, Rollenerwartungen, Erklärungsmuster und -theorien habe ich? • Wie sind sie entstanden? (Bezug zu den obigen Zeilen)	• Welche Werte, Normen, Rollenerwartungen, Erklärungsmuster und -theorien hat der Schüler? • Wie sind sie entstanden? (Bezug zu den obigen Zeilen)
Verhalten	• Wie verhalte ich mich hier und jetzt? • Warum/wozu verhalte ich mich so? • Welche Alternative gibt es?	• Wie verhält sich der Schüler? • Ist das Verhalten objektiv oder nur für mich auffällig? • Kann ich eine Verhaltensstörung diagnostizieren? • Warum/wozu verhält er sich so?
Wahrnehmung	• Was habe ich von dem Schüler wahrgenommen? • Ist das Wahrgenommene vollständig/unverzerrt? • Wie interpretiere/interpunktiere ich diese Wahrnehmung?	• Was nimmt der Schüler von mir wahr? • Wie interpretiert er dies? • Wie interpretiert/interpunktiert er unseren Kommunikationsprozess?

4.3.6.2 Die Konfliktbewältigung

Erinnern wir uns an die typischen Konfliktverläufe, so müssten wir einen konstruktiven Konfliktlösungsprozess anstreben. Hierfür eignet sich besonders ein Gespräch mit folgenden Phasen:

- Gemeinsame Problemdefinition (d.h., dass die Konfliktanalyse auch gemeinsam vorgenommen werden kann);
- Abgrenzung des Entscheidungsspielraums (wir befinden uns schließlich in der Schule und es gibt Vorgaben für alle Beteiligten);
- Sammeln von Lösungsvorschlägen (Verzicht auf Diskussion; sicherstellen, dass sich alle äußern können und niemand gehemmt wird);
- Einigung auf einen Lösungsvorschlag (genaue Festlegung des zukünftigen Verhaltens der Konfliktparteien und eines neuen Gesprächstermins; evtl. Kontingenzvertrag);
- Gespräch über die Erfahrungen seit dem letzten Gespräch (Erfolgskontrolle) – ggf. neue Vereinbarungen.

Bei Gordon, Schulz von Thun und Neubauer u.a. findet man zahlreiche Hinweise zur Gestaltung der Gesprächsführung. Wesentlich ist, dass der Lehrer den Schüler nicht mit Schuldzuweisungen und Vorwürfen (häufig in der Form der Du-Botschaft – »Du hast [bist] ...«) in die Defensive drängt, sondern dem Schüler zunächst einmal echte Gesprächsbereitschaft und Offenheit bei der Konfliktlösung signalisiert. Will der Lehrer nicht sofort mit dem Schüler sprechen, so bietet sich folgende Maßnahme an, um die Schülerperspektive zu erfassen: Der Schüler wird um eine schriftliche Darstellung seiner Problemsicht gebeten, die anschließend mit der eigenen schriftlichen Darstellung verglichen wird. Wem auch dies für den Anfang noch zu gewagt ist, der kann sich in die Rolle des Schülers versetzen und das Problem aus dessen (vermuteter) Perspektive betrachten (*Perspektivenwechsel*). Sollte der Schüler durch die hier vorgestellten verbalen Strategien überfordert sein, so gibt es auch (ungewöhnliche) Techniken der Verhaltensbeeinflussung. Verstärkung und Selbstbeobachtungsbögen haben wir als wirksam bezeichnet. Der Schüler wird durch das Ausfüllen des Bogens nicht vom Unterricht abgelenkt; ansonsten hätte der Lehrer ja kein Problem mit ihm und die Verhaltensmodifikation wäre überflüssig). Sollten alle Versuche erfolglos geblieben sein, so können vielleicht ungewöhnliche Lösungswege eingesetzt werden wie z.B. die Symptomverschreibung (der Schüler muss das unerwünschte Verhalten zeigen, wodurch es für ihn vielleicht lästig oder uninteressant wird) oder die entlastende Umdeutung der Situation (der Lehrer interpretiert das Schülerverhalten nicht negativ, sondern positiv – vgl. Molnar/Lindquist 1995).

4.3.6.3 Kooperation in einer Lehrer-, Studenten- oder Praktikantengruppe

Die vorgestellten Maßnahmen sind sicherlich nicht leicht zu realisieren und der Einzelne ist eher hilflos, die genannten neuen Wege auszuprobieren und durchzustehen. Besser ist auf jeden Fall die Kooperation mit Kollegen. Schulz von Thun weist darauf hin, dass Metakommunikation nicht einfach ist und »Klärungshelfer« notwendig sein können. Diese müssen nicht immer von Außen kommen oder ausgebildete Psychologen sein. In einem Lehrerkollegium existiert sicherlich das Potenzial zur Selbsthilfe, indem sich Lehrer gegenseitig helfen. Dazu muss man »nur« miteinander ins Gespräch kommen und beschließen, als Gruppe, als Team arbeiten zu wollen. Eine solche Gruppe kann sich dann in bestimmten Zeitabständen treffen und belastende Fälle nach folgendem Schema bearbeiten.

Kollegiale Konfliktbewältigung

Ablaufplan »Kollegiale Fallberatung« erproben!

1. Klärungen
(Diskussionsleiter, Pausen, Zeitdauer, wer berichtet? ...);

2. Vorstellung des Falles;

3. Blitzlicht
(Welche Gedanken und Gefühle löste der Bericht bei mir aus?);

4. Nachfragen zum Fall
(evtl. Rollenspiel zur Veranschaulichung);

5. Ich als ...
(Hineinversetzen in die am Fall beteiligten Personen: »Was habe ich als ... gefühlt/gedacht?«);

6. Lösungssuche
 – Hintergründe des Falles klären
(Warum und wozu verhält sich X so?);
 – Ich als ... werde tun.
(Wichtig: Sie müssen sich in die Person des Berichterstatters hineinversetzen: »Welche Handlungsmöglichkeit(en) sehen Sie für den Berichterstatter unter Berücksichtigung seiner Persönlichkeit?«);
 – Allgemeine Lösungsvorschläge
(»Ich würde ... tun«, ist besser als: »Man könnte ... tun«.);

7. Stellungnahme/Bewertung durch den Berichterstatter
(»Welche Hilfen habe ich erhalten? Was kann ich damit anfangen?«)

Eine große Gefahr für eine solche Arbeitsgruppe ist vor allem am Anfang der Arbeit die freie Diskussion darüber, welches Lehrerverhalten richtig oder gar das beste sei. Diese Diskussion führt fast immer dazu, dass jeder Recht behalten möchte und eine offene Lösungssuche, die viele Lösungsmöglichkeiten produzieren sollte, nicht mehr stattfindet. Eine solche Gruppe stirbt i.d.R. recht bald und, um das zu vermeiden, sollte sich die Arbeit der Gruppe gerade am Anfang an der oben vorgestellten Arbeitsstruktur orientieren.

4.3.7 Abschließende Bemerkung

In diesem Text (Kap. 4.3.1–4.3.6) wurden verschiedene Theorien vorgestellt, die menschliches Handeln vor dem Hintergrund individueller Ziele, einer individuellen Lern- und Lebensgeschichte sowie gegenwärtiger Kommunikationsmuster erklären. Diese »klassischen« Lerntheorien haben sich für die genannten Aufgaben als hilfreich erwiesen. Zur Fundierung der in diesem Buch geforderten und in Umrissen gezeichneten *schülerorientierten Didaktik* reicht diese Sicht des Lernens aber nicht aus, weil sie die Bandbreite individueller Aktionen und Reaktionen zu wenig einbezieht. Dagegen berücksichtigt die systemisch-konstruktivistische Sicht des Lernens (vgl. Kap. 3.5) die Variabilität des Handelns und strebt Komplexität statt Komplexitätsreduktion an. Diese Perspektive entspricht in besonderer Weise differenten Schülerinteressen in einem offenen Unterricht (vgl. Kap. 2; 5.3).

Mit den vorgestellten Anregungen zur Krisenbewältigung (weitere finden sich in der Literatur) soll die Basis gelegt werden für ein – leider noch nicht selbstverständliches – Verständnis von Lehrer-Schüler-Interaktionsprozessen mit dem Ziel, Lehrer-Schüler-Konflikte möglichst konstruktiv bewältigen zu können und eine »Strafpädagogik« zu vermeiden. Für Lehrer in der Ausbildung können die hier vorgestellten Theorien benutzt werden, um das Verhalten eines beobachteten Schülers theorieorientiert zu interpretieren und um erste Überlegungen anzustellen, wie man in einem solchen Fall als Lehrer handeln würde. Bei der Realisierung der Lehrerhandlung, die in der Ausbildung nur begrenzt möglich ist, ist die Angemessenheit des Mittels an die Situation ebenso wichtig für den Erfolg wie die Ernsthaftigkeit und Echtheit des Lehrerverhaltens.

4.4 Die Gestaltung günstiger Bedingungen des Lernumfeldes

Bedingungsfeld des Unterrichts

»Günstig« nennen wir Bedingungen, die unsere Ziele (vgl. Kap. 2) fördern. »Gestaltung« verweist darauf, dass das Bedingungsfeld (vgl. Kap. 3.7) nicht hingenommen werden muss, sondern verändert werden kann. Die Ermöglichung unserer Ziele ist von den gegebenen und den geschaffenen Voraussetzungen in Schule und Unterricht abhängig. Als Lernziele nannten wir: Basiswissen und -qualifikationen, sowie die Möglichkeit,

darüber hinaus Expertenwissen und -können zu erwerben. Voraussetzungen dazu sind: Analyse der Bedingungen, vor allem beim Schüler,
didaktische Aufbereitung, kritische Sicht (des Stoffes), Einschätzung der
Möglichkeiten und Grenzen der Lehrer und der Schule (Lage, Ausstattung).

Wesentlich hinzu aber müssen Raum- und Zeitdeputate treten, wo **Gestaltung**
sich der Schüler selbstständig und nach eigenen Interessen Lernaufgaben **günstiger**
stellen, diese lösen und – so motiviert – eigenständig weiterfragen kann, **Bedingungen**
wo Kontakte mit anderen Schülern zur Entwicklung von Zusammenar- **zum Lernen**
beit und Teamfähigkeit möglich sind und Lehrer die Schüler in Entscheidungen zum Unterricht und Schulleben wo möglich einbeziehen.

Damit die Schule die genannten Freiräume eröffnen kann, benötigt
sie tatsächliche Räume (Gruppenräume, Laboratorien, Bibliotheken, Vi-
deotheken u.a.); sie bezieht handelnd und analysierend ihre kulturelle,

> Die Schul- resp. Lehrer- und Schülerkollegien zeigen vorhandene und mögli-
> che Freiräume auf, in denen Schüler selbstständig gestalten und soziale Erfah-
> rungen sammeln können. Sie erproben deren Verwirklichung!

ökonomische und politische Umgebung mit ein, sowie die dem eigen-
ständigen und forschenden Lernen entsprechende Schulausstattung
(Lern- und Arbeitsmittel, Computer, Internet, Videos, etc.), die den
Schülern einen übenden, selbstständigen und handelnden Zugang zur
Außenwelt ermöglichen und sie muss demokratische Entscheidungsre-
gularien entwickeln. »Auch die Schule braucht Konzepte für eine sinnvolle Steuerung ihrer Außenbeziehungen und ihrer Binnenstruktur. Ziele
müssen definiert, Mitarbeiter geführt, Kommunikationsprozesse gestaltet, Qualität und Leistungsfähigkeit nach außen dokumentiert werden.«
(Info-berufliche Bildung 1994). R. Messner schreibt treffend, es komme
auf eine »mit Kindern und Jugendlichen *partnerschaftlich* vollzogene
Neuverständigung über ein sinnvolles, für die Zukunft vertretbares
Leben« (Dauber u.a. 1998, S. 9) an.

Die Freiräume sind organisatorisch abzusondern von denjenigen
Lehrgängen oder Unterrichtseinheiten, die dem Erwerb basalen Wissens
und Könnens dienen.

Zusammenfassung

Unterrichtsthemen sind
● nach den genannten Kriterien auszuwählen und
● nach didaktischen Prinzipien zu transformieren (Einzelheiten vgl.
   Kap. 4.1).

Es müssen in der Schule geschaffen werden:

- Sachliche und soziale Erfahrungs- und Gestaltungsräume.
- Gelegenheit für die Schüler, alleine und mit anderen kritisch nachzudenken, zu experimentieren und eine Arbeit zu leisten.
- Unterricht ist als ein von den Lernenden erheblich selbst gesteuertes, handelndes und realitätsnahes (den Erfahrungen des Lernenden nahes) Ereignis zu organisieren.

Entsprechende bauliche und organisatorische Voraussetzungen müssen dazu bereitgestellt, motivierende Themen abgesprochen, Methoden erarbeitet werden können sowie Regeln für ein umgangs- und arbeitsförderndes Klima angewendet werden.

Leseempfehlungen

Didaktische Prinzipien
von Martial, I./Bennack, J. (2002): Einführung in schulpraktische Studien. S. 75–84.

Lernorganisation
Bannach, M. (2002): Selbstbestimmtes Lernen – Freie Arbeit an selbst gewählten Themen. Kap. 9–11.
Bönsch, M. (2000): Intelligente Unterrichtsstrukturen. S. 1–38.
Hempel, M. (Hrsg.) (1999): Lernwege der Kinder. Baltmannsweiler.
Kock, R. (2001): Kinder lehren Kinder. Baltmannsweiler.
Kroner, B./Schauer, H. (1997): Unterricht erfolgreich planen und durchführen. S. 81–95, 184–192.

Verhalten/Disziplin/Leistung
Dreikurs, R./Grunwald, B.B./Pepper, F.C. ([9]2003): Lehrer und Schüler lösen Disziplinkonflikte. Weinheim/Basel/Berlin.
Hennig, C./Keller, G. ([2]1993): Lehrer lösen Schulprobleme. Donauwörth.
Jürgens, E. ([5]2000): Leistung und Beurteilung in der Schule. Sankt Augustin.

5. Lehr-/Lernmethoden des Unterrichts

Die hier präferierte *Lernmethodik* basiert auf einer durch Umfeld und Zielsetzung lernbegünstigenden Atmosphäre und Anregung (v.a. durch Primärerfahrungen), die Lernhemmnisse (Angst, Stress, überzogene Leistungsansprüche und Konkurrenz) minimiert und motivierende Faktoren verstärkt. Eine solche Atmosphäre ermöglicht es, Schülerinteressen zu berücksichtigen, der Neugier der Schüler mit Spannendem, Neuem u.a. zu entsprechen. Für die Lernmotivation der Schüler ist ein für sie realer und wichtiger Problembezug zu vermitteln; es sind – für den Fall antizipierter Schwierigkeiten – Hilfen vorzubereiten. Hier ist auch die Lehrerrolle zu bedenken, deren Funktion im Helfen und Anregen, weniger im Leiten, Führen und Bestimmen besteht. Über den Wert oder Unwert eines so genannten Methodentrainings soll hier nicht spekuliert werden. Soviel allerdings ist zu bemerken: Jedes Lehrertraining steht und fällt mit der Einstellung der Lehrer zu den Schülern; wollen die Lehrer deren Selbstständigkeit, kann Training vielleicht Handreichungen vermitteln, wollen sie dies nicht, bleiben alle Trainingsergebnisse oberflächliche »Tricks« von geringer Wirksamkeit. Im Übrigen bieten die bisher angebotenen Trainingseinheiten (vgl. u.a. Klippert 1998) meist nur (kaum hinterfragte) Anweisungen an Lehrende, die eines selbstständig und kritisch denkenden Lehrers eigentlich unwürdig sind.

Lernanregung durch Schülerorientierung

Die Notwendigkeit, den lebensnotwendigen Erwerb von Expertenwissen durch eben die Übung desselben in der Schule vorzubereiten, weist darauf hin, dass es weniger auf den Erwerb spezieller Inhalte selbst als auf die Schaffung der Fähigkeit ihres Erwerbs ankommt.

Entsprechend den festgestellten Bedingungen und formulierten Zielen einer modernen Schule werden wir solche *Methoden herausstellen*, deren Schwergewicht auf der Selbstständigkeit der Schüler, handelndem Lernen, wechselseitiger Kommunikation und Zusammenarbeit beruhen.

Schülerorientierte Unterrichtsmethoden

Ausdrücklich sei allerdings festgestellt, dass damit keine wertende, bzw. abwertende Aussage zu bestimmten Methoden ausgesprochen wurde. Methodenentscheidungen sollten pragmatisch und nicht ideologisch getroffen werden. Frontale Lehrformen, Einprägen von Wissen durch einzelne Schüler, ihr »Belehren« haben weiterhin ihre Berechtigung, wenn es um die Feststellung oder Definition, das Einprägen wichtigen Wissens, dessen Berichterstattung, Beschreibung, oder die Schilderung, Erklärung und Begründung nicht diskutierbarer Wahrheiten oder generell notwendiger Hinweise und Mitteilungen geht, um Beispiele, Erläuterungen, Ergänzungen oder Vermutung. »Lernen durch Lehre« wie »Lernen aus Erfahrung« (Peterßen 1998, S. 171) werden je nach den Bedingungen der Schüler einzusetzen sein. Aber auch bei Hilfe suchenden Schülern darf das Ziel der Selbstständigkeit nicht aus dem Auge verloren werden.

Der Bestand an direkten, frontalen, belehrenden Unterrichtsformen allerdings ist in unseren Schulen weitaus höher als notwendig. Formen selbstständigen und kooperierenden Arbeitens treffen wir seltener an. Teils liegt der Grund darin, dass Lehrern eigene Erfahrungen dazu fehlen!

Der vorhandene Mangel legitimiert es, im Folgenden die aktivierenderen Unterrichtsformen hervorzuheben.

Effektivitätsuntersuchungen verschiedener Unterrichtsmethoden belegen, dass Wissenserwerb bei so genanntem »direkten Unterricht« (von Lehrern geleitet) ebenso gut wie im »indirekten Unterricht« (Lehrer als Moderator eines durch Anweisungen, Medien, Arbeitsmitteln etc. »geleiteten« Unterrichts) gelingt. Letztere Unterrichtsformen leisten darüber hinaus einen erheblich höheren Beitrag als der »direkte Unterricht« zum Behalten, Verstehen, zu Selbstlernkompetenzen (Techniken, Organisation, Aktivität, Konzentration) und Hilfsbereitschaft (vgl. Roth 1971; Dietrich 1969; Jürgens 2000, S. 55–95).

5.1 Methodendifferenzierung

Methoden-systematik

Ingbert von Martial stellt die Gesamtheit methodischer Möglichkeiten differenziert heraus. Er unterscheidet:

- **Aktionsformen des Lehrens und Lernens,** also die Verteilung und Dimensionierung von Unterrichtsaktivitäten, bezogen auf
  - sprachliche Zeichen: Impuls, Frage, Aufgaben, Arbeitsanweisung, -anleitung, -aufforderung, Schilderung, Ermunterung, Ermutigung, Ermahnung u.a.;
  - Regularien, wie z.B. Beurteilung;
  - Sachen;
  - Unterrichtsarten: Vortrag, Demonstration, Text-, bzw. Materialarbeit, Erkundung, Experimente, Spiele, Programmierter Unterricht, Hausaufgaben u.a. Sie können direkt (von Lehrern oder Schülern) oder indirekt (über angebotene Aufgaben und Material) erfolgen.
- **Sozialformen,** also die Art der Zusammenarbeit: Großgruppe, Klasse, Kleingruppe, Partner, Einzelne, Lehrerteams.

- **Verlaufsformen,** d.h., die Gliederung eines geplanten Unterrichts in
  - Phasen nach Zielen, Aufgaben, Arbeiten; und
  - Schritte nach Größe, Weg, Methode, Grad der Selbstständigkeit.
- **Methodenkonzeptionen:**
  - Programmatische Konzepte wie: Schüler- oder Handlungsorientierung, exemplarisches Verfahren, offener Unterricht, Wochenplan, Freiarbeit, Stationenlernen, Projektunterricht; oder
  - Organisierungsformen, wie: analytisches, synthetisches, genetisches Vorgehen, Unterricht in Fächern – im Stundenplan wöchentlich gleich verteilt oder epochal – oder fächerübergreifend.
- **Differenzierung der Schüler** nach
  - Alter (herkömmliche Klasse),
  - Leistung (Kurse, Fördergruppen),
  - Interesse, Neigung (Arbeitsgemeinschaften);

  entweder in einer Schule oder im gesamten Schulwesen (= äußere Differenzierung) oder innerhalb einer Schulklasse (= innere Differenzierung).

  (Vgl. von Martial/Bennack 2002, S. 107)

Ergänzend zu den Methoden sind die

- **Unterrichtsmedien** zu sehen.

  Es handelt sich um natürliche oder hergestellte Gegenstände (z.B. Kristalle, Baumblätter, Modelle chemischer Formeln), Geräte (Computer, Modelle), Spiele, Arbeits- und Hilfsmittel (LÜK-Kästen, Rechtschreibkartei, Montessori-Material), die für die Schüler bereit stehen, um in einem möglichst selbstständigen Prozess anhand der Medien oder/und mit deren Hilfe Lernwege zu beschreiten, Lernerfahrungen zu machen oder Lernziele zu erreichen (gegebenenfalls unterstützt durch spezielle Arbeitsanweisungen für den Umgang mit den Medien). Als Gesichtspunkte für die Beurteilung von Medien, die im schülerorientierten Unterricht insbesondere dem Prinzip der Eigenständigkeit und des Selbstlernens verpflichtet sind, nennen wir die folgenden:
  - Einfachheit (Texte und gegebenenfalls Bilder etc. geläufig, verständlich, konkret, anschaulich);
  - gegliedert/geordnet (folgerichtig, übersichtlich, Wesentliches hervorgehoben);
  - Prägnanz (auf Wesentliches und Lernziel hin orientiert);
  - stimulierend (anregend, interessant, abwechslungsreich, persönliche Ansprache).

  (Vgl. Apel o.J., S. 7)

Unterrichtsmedien

Aus dem vorstehenden Raster der Methoden und Medien lassen sich solche *Modi* des Unterrichts extrahieren, die einen schülerorientierten Unterricht begründen.

5.2 Modi des schulischen Lernens

Kennzeichen schülerorientierten Unterrichts

Wie soll bei Schülern die Förderung des Lernens (besonders der Selbstlernkompetenz), des Individuums und des Sozialverhaltens mittels Unterricht erreicht werden? Durch eine günstige Gestaltung des Lernumfeldes, einen angemessenen Umgang mit den Schülern und Schülergruppen und durch die Berücksichtigung der folgenden *Modi* zweckmäßig ausgewählte und angewandte Inhalte und Methoden:

- **Anregung**
  Schule soll den Schülern als ein spannender Ort erscheinen, der ihren Fragen, Interessen und Entdeckungen zur Verfügung steht.
  Die Themen müssen – über die allgemein geltenden Kriterien (vgl. 4.1) hinaus – für die Schüler affektiv anrührend und attraktiv (lohnend, interessant, wichtig, mit Freude verbunden) sein, mindestens aber entsprechend präpariert werden können.
  Angeregt werden soll zum Weiterfragen, Weiterlernen zur Differenziertheit und Genauigkeit, zur Erkenntnis über schlüssige Verbindungen (Abhängigkeiten, Ursachen, Folgen etc.); zum Staunen, Fragen, Entdecken der Welt und ihrer großen und kleinen Wunder!
- **Aktivität/Handeln**
  Aktivität und Handeln sind dem Menschen adäquate Verhaltensweisen; sie sind Grundlage des Denkens (Piaget: Lernen als verinnerlichtes Handeln), der Weltbewältigung und Subsistenzsicherung.
  »Tätigkeit« und »Handlungen« – sind »allgemeine Begriffe für die Mensch-Welt-Wechselwirkung als Grundlage menschlicher Existenz. Ihre wichtigsten Merkmale sind Gesellschaftlichkeit, Gegenständlichkeit, Aktivität, Zielgerichtetheit und Bewusstheit« (Lompscher u.a. 1997, S. 23). Ein Schulunterricht, der geistiges wie körperliches Handeln in diesem Sinne einschließt, bietet den Schülern die Gelegenheit, selbst zu gestalten, zu verändern, zu verhindern!
- **Kooperation**
  Schüler wollen – unterschiedlich nach Personen und Situationen – mehr oder weniger Kooperation (mit Lehrern und Mitschülern). Zu den gesellschaftlichen Aufgaben der Schule gehört es, Schüler kooperationsfähig zu machen. Zugleich leistet die Schule gegenüber der Gesellschaft – durch den Zusammenhang von Leistungsmessung und Schulabschlüssen – die Funktion der Selektion.

Die Forderung nach Kooperation in der Schule scheint dem Gedanken der Leistungsschule entgegenzustehen. Tatsächlich rückt allenfalls die Messung der Leistung den für die Kooperation so schädlichen Gedanken der Konkurrenz ins Spiel.

Eine verengte Sicht der Bewertungsfrage zeigt sich in Thesen wie der folgenden: »Alternativer Unterricht entzieht sich fast immer der zu leistenden Pflicht des Lehrers zur begründbaren Notenfindung« (Kroner/Schauer 1997, S. 47). Wie leicht ist dieses Scheinproblem eines kaum zu bewertenden kooperativen Arbeitsprozesses aber zu lösen, wenn man den Arbeitsprozess selbst von der Erfolgsmessung trennt! Den erreichten Lernfortschritt eines jeden Schülers kann man nach der gemeinsam erledigten Arbeit separat ermitteln. Diese Trennung zwischen kooperativer Arbeit und individueller Leistungsmessung wirkt positiv auf die gemeinsame Arbeit zurück, denn jeder bemüht sich, während der Arbeit durch Mittun zu lernen; niemand muss sich gegenüber den Anderen profilieren, es zählt alleine der individuelle Lernerfolg. Und schließlich: Kooperation meint auch das Teamteaching der Lehrer/innen, als Bündelung der Möglichkeiten, als Kritik, Hilfe und gegenseitiges Stützen.

- **Rhythmus**
  Spannung – Entspannung. Ruhephasen begünstigen nachfolgendes Lernen; sie begünstigen seine Festigung (vgl. Bender u.a. 1999, S. 7).
  Bewegung – Ruhe. Unter vielerlei Entspannungsübungen (Ruhephasen u.ä.) haben Bewegungsübungen in der Schule, oft spielerisch und musikalisch gestaltet, ihre besondere Bedeutung als Ausgleich einer »verkopften« Schule, die den Körper vernachlässigt.
  Zu beobachten ist, dass Schüler, die selbstständig über Lernzeit, Lernpartner, Lernmethoden und/oder Lernstoffe verfügen, ihren eigenen Rhythmus beachten und gestalten, d.h. sie wechseln Lernformen, Anspannung, Beanspruchung von selbst.

- **Selbstständigkeit**
  Selbstständigkeit als *Ziel* verlangt – damit es erfahren und internalisiert werden kann – Selbstständigkeit beim *Lernarrangement.* Schüler sollten also möglichst oft alleine oder kooperierend und selbstkontrollierend arbeiten dürfen. Ein angestrebtes Hauptziel der schülerorientierten Didaktik, die Selbstlernkompetenz der Schüler, schließt die begründete Überzeugung mit ein, dass Leistungsbereitschaft nur auf dem Boden solcher Arbeiten gedeihen kann, die freiwillig erfüllt und dem Lernenden attraktiv erscheinen. Die immer wieder angeführte Meinung, viele Schüler wollten geführt werden und es lasse sich alles Notwendige nicht alleine durch Schülerinitiative erlernen, ist deshalb nur oberflächlich richtig.

Ein Problem kann in der *Überforderung* durch (noch) nicht zu leistende Selbstständigkeit der Schüler bestehen. Lehrer müssen in diesem Falle Hilfen geben; das Ziel allerdings bleibt dennoch eine möglichst hohe Selbstlernkompetenz des Schülers!

5.3 Methodische Präferenzen einer schülerorientierten Didaktik

Methoden für einen schülerorientierten Unterricht

Bestimmte Methodenkonzeptionen entsprechen den »Grundlagen der Unterrichtsgestaltung« (vgl. Kap. 4) und den vorgestellten »Modi« (vgl. Kap. 5.2), nämlich – selbstverständlich -schülerorientierter, aber auch handlungsorientierter, differenzierter und offener Unterricht. Die Methodenkonzeptionen werden nach ihrer jeweiligen Programmatik benannt; untereinander sind sie verflochten und überschneiden sich. Das wird deutlich, wenn wir sie im Folgenden nach der Berücksichtigung didaktischer Prinzipien (vgl. Kap. 4.1) und der Modi eines Unterrichts im Sinne der schülerorientierten Didaktik (vgl. Kap. 5.2) untersuchen.

Nach Gudjons bietet der Einsatz dieser Methodenkonzeptionen die Spannbreiten: spielen-lernen, erkunden-erforschen, herstellen-gestalten, tätigsein-verantworten (vgl. Gudjons 1998, S. 113/114) und lässt die begründete Erwartung zu, dass ihr Einsatz eine bessere Förderung des Lernens, Individuums und Sozialverhaltens bei Schülern bewirken kann.

- Ein **schülerorientierter Unterricht** erfüllt das entsprechende didaktische Prinzip und verwirklicht daher *alle* genannten Modi. Er entspricht den Erfordernissen didaktischer Transformation (Elementarisierung, Exemplarität) und beachtet – im Interesse des Schülers – die »Festigung des Gelernten«. Eingeschlossen ist, dass schülerorientierter Unterricht individuelles wie kollektives und kooperatives Arbeiten zulässt.
- **Handlungsorientierter Unterricht** unterliegt den didaktischen Prinzipien »Ziel-« und »Schülergemäßheit«; er ist also auch schülerorientiert, vor allem, weil er die »Aktivität« der Schüler fordert. Diese ist nicht mit Aktionismus gleichzusetzen, sondern als Lernmethode wie Verhaltensziel als reflektiertes Agieren, eben Handeln, zu verstehen. Die Prinzipien »Exemplarität« mit selbstständigem, entdeckendem Lernen und »Schulgemäßheit« haben besondere Bedeutung. Angemessen handlungsorientierter Unterricht verwirklicht alle genannten Modi.
- **Differenzierter Unterricht** ist stets auch schülerorientierter Unterricht und entspricht allen dort gestellten Ansprüchen, insbesondere eben der »Schülergemäßheit«. Herausgestellt wird durch diese Formulierung allerdings die Verschiedenheit der Schüler, denen Unter-

richt durch Individualisierung und die Bildung von Lerngruppen zu entsprechen hat. Frontaler Klassenunterricht, der vor allem bei einführenden Informationen, Anregungen und Anweisungen oder zusammenfassenden Klärungen sinnvoll ist, erfüllt als vorrangige Form die Forderung nach Schülerorientierung nicht. Nur differenzierter Unterricht kann auf die Heterogenität der Interessen und Fähigkeiten der Schüler angemessen eingehen.

- **Offener Unterricht** ist ursprünglich eine Formel gegen weltferne Lehrgänge und Lehrziele der Schule. Der Begriff impliziert die Offenheit der Schule hinsichtlich der Berücksichtigung des Schul- und Schülerumfeldes und knüpft damit an die Idee des »Erlebnisunterrichts« (von W. Neubert) aus der Reformpädagogik (vgl. Geißler 1994, S. 70) und am Ziel des »entdeckenden Lernens« an. Dies in Anlehnung an die These Bruners, Lernen sei durch aktive Erfahrungen und Entdeckungen effektiver. Offener Unterricht ist damit zweifellos schülerorientiert. Gleichzeitig hebt der Begriff ab auf Innovationsbereitschaft bezüglich schulischer und unterrichtlicher Organisation (d.h. u.a. stärkere Einbeziehung in schulische Entscheidungsprozesse von Eltern und Schülern; Einsatz von Experten; außerschulische Lernorte; Teamarbeit der Lehrer). Besonderes Gewicht legt der offene Unterricht auf einen anregend gestalteten Lernraum (vgl. Kap. 4.4). Er verwirklicht *alle* didaktischen Prinzipien und Modi, insbesondere das Prinzip der »Schulgemäßheit«, indem offener Unterricht die schulischen Möglichkeiten freien und selbstständigen Lernens bereitstellt und fördert (vgl. Jürgens 2000, S. 11–27; 107–110).

Die Methodenkonzeptionen werden durch Einzelmethoden (vgl. Kap. 5.1) verwirklicht. Im Folgenden werden wir diejenigen skizzieren, die der Programmatik der Konzepte besonders entsprechen, weil sie die Aktionen im Unterricht (vgl. Kap. 5.1) wesentlich auf die Schüler verlagern und den Lehrern eher die Helfer-, Moderator- oder Anreger-Rolle zuweisen. *Jede* der unten genannten Methoden ermöglicht es, die Ziele der Schüler- oder Handlungsorientierung, der Differenzierung und des Offenen Unterrichts zu erreichen.

- **Freiarbeit** eröffnet den Schülern im Schulunterricht die Möglichkeit, in einem gegebenen Zeitrahmen entweder aus einem (durch Lehrer gegebenen) Angebot (in Gestalt von Arbeitsmitteln, Lehr-, Lernmitteln, Aufgaben etc. = Arbeitsplan) nach eigener Zeiteinteilung zielgerichtete Arbeiten auszuwählen und allein oder gemeinschaftlich zu leisten oder – und das entspricht dem Titel »Freiarbeit« eher – sich selbst oder in Absprache mit anderen Schülern selbstständige Arbeitsaufträge zu erteilen und durchzuführen (vgl. Jürgens 2000, S. 96–

100; 104–107; 113–115). Alle didaktischen Prinzipien gelten uneinge-schränkt. Bei den Modi, die alle gelten, leistet Freiarbeit wegen der Selbststeuerung durch die Schüler einen besonderen Beitrag zur Rhythmisierung.

● **Gruppenarbeit/Gruppenunterricht** löst Unterrichtsaufgaben durch Schülergruppen. Sie enthalten *alle* Modi (in Entsprechung der Freiarbeit), insbesondere »Kooperation« und alle didaktischen Prinzipien. Die Aufgaben können von Lehrern gestellt oder von den Gruppen selbst gefunden und gelöst werden. Grundsätzlich ist die Frage nach der Gruppenbildung zu stellen, deren günstigste Zahl wohl zwischen 3 und 6 liegt. Denkbar sind *lehrerbestimmte Gruppen*, gebildet nach (gleicher oder differenter) Leistung, nach Neigung oder/und sozialen Gesichtspunkten (Hilfe, Förderung, Anregung, Klimaverbesserung etc.) oder *frei entstandene Gruppen* ohne die Absicht, bestimmte Lehrerintentionen durchzusetzen.

Eingriffe der Lehrer in die Gruppenarbeit erfolgen u.U. durch Aufgabenstellung. Sie können sich gleichartig an alle Gruppen (*arbeitsgleicher bzw. konkurrierender Gruppenunterricht*) oder an jede Gruppe differenziert (*arbeitsteiliger Gruppenunterricht*) richten. Arbeitsgleicher Gruppenunterricht ermöglicht den Vergleich der Arbeitsmethoden und -ergebnisse eher; arbeitsteiliger Gruppenunterricht kann dem Leistungsvermögen unterschiedlicher Gruppen stärker angepasst werden; er erschwert allerdings Vergleiche untereinander. Fälschlich wird immer wieder behauptet, durch arbeitsteiligen Gruppenunterricht ließe sich Zeit einsparen, weil alle übrigen Gruppen von den Ergebnissen einer Gruppe profitieren könnten. Diese These verkennt die praktische Erfahrung, dass sich jede Gruppe auf ihre spezifische Aufgabe konzentriert und die Lösungen anderer Gruppen von den eigenen unterschiedlichen Themen kaum beachtet.

● **Projektunterricht** ist als schüler-, nicht als lehrerbestimmter Unterricht gedacht, d.h. Lernziele, -inhalte, -methoden und -medien werden von den Schülern als Team oder Kleingruppe (vgl. oben *Gruppenunterricht*) geplant und durchgeführt, wobei die gängige schulische Fächereinteilung aufgehoben wird und am Ende ein erkennbares Ergebnis – oftmals als Produkt – steht (vgl. Jürgens 2000, S. 118–137). Es versteht sich, dass ein so verstandener Projektunterricht allen didaktischen Prinzipien und Modi entsprechen kann (»kann«, weil es den Schülern obliegt, wie sie vorgehen und sie sowohl Prinzipien wie Modi nicht berücksichtigen müssen). Bei *projektorientiertem Unterricht* ist gegenüber dem idealen Projektunterricht der schülerinitiative Anteil verringert, indem z.B. Lehrer Themenvorschläge einbringen oder methodische Hilfen geben.

- **Spiele** *Unterrichtsspiele* sind veränderte Abarten des Kinderspiels. Sie sind nicht – wie diese – zweckfrei, sondern verfolgen, mit didaktischer Absicht geladen, unterrichtliche Intentionen, wobei sie spielerische Elemente als Schülermotivation nutzen.

  Die Lernmittelindustrie bietet zahlreiche *Lernspiele* an, mit deren Hilfe Lernziele spielerisch durch Schülergruppen oder Einzelne verwirklicht werden sollen.

  Planspiele beteiligen eine größere Schülergruppe, die die Aufgabe erhält, nach einer gegebenen Lage, im Planspiel Ergebnisse anzustreben, wobei die didaktische Intention darin besteht, Einsichten in komplexe Bedingungen und »Lösungen« sowie deren kritische Sicht zu gewinnen. Themen solcher Planspiele können u.a. ökonomische (Markt), politische (Parlament, Gesetzentstehung) oder alltägliche (Kaufentscheidung) Gegebenheiten sein.

  Rollenspiele sind zugleich Planspiele; bei ihnen aber liegt die besondre didaktische Absicht darin, sich in handelnde Personen zum Zwecke einer kritischen Würdigung von Zwängen, Motiven und Entscheidungen hineinzudenken.

  Alle Spiele unterliegen *allen* didaktischen Prinzipien und Modi.

- **Stationenlernen** ist differenzierter Unterricht, bei dem Schüler einzeln oder in Gruppen an verschiedenen *Lernstationen* mit Aufgaben befasst sind, die vor dem Weitergehen zu einer nächsten Station gelöst werden sollen. Diese Stationen können (je nach didaktischem Konzept) schlüssig aufeinander folgen oder in freier Reihenfolge abgearbeitet werden (vgl. Jürgens 2000, S. 139–163). Für Lernzirkel gelten *alle* didaktischen Prinzipien und Modi.

- **Werkstatt-/Atelierunterricht.** Von C. Freinet kennen wir Ateliers, in denen die Schüler – vergleichbar einer Werkstatt – frei und selbstständig arbeiten können. Entsprechend seiner Zeit stellte Freinet die »Druckerei« als besonderes Atelier heraus. Der Grundgedanke des Werkstatt- respektive Atelierunterrichts besteht darin, den Schülern innerhalb der Schule gestaltete Bereiche zur Verfügung zu stellen, an denen sie – in frei verfügbaren Schulzeiten und entsprechend ihren eigenen Intentionen – Arbeiten durchführen können. Neben einer Werkstatt zur Produktion und zum Druck von Texten, lassen sich aus allen Schulfächern solche Orte für eigenständiges Schülerarbeiten (alleine oder gruppenweise) denken, wie z.B. ein Schulgarten, eine Wetterstation, ein Terrarium, ein chemisches Analyselabor, eine Reparaturwerkstatt für Holzgeräte, ein Musikübungsraum, eine Audio- und Video-Werkstatt zur Produktion und Dokumentation von Unterrichtshilfsmitteln usw.

  Alle didaktischen Prinzipien gelten uneingeschränkt, *alle* Modi kommen ebenfalls zum Tragen.

● **Wochen- oder Monatsplan** enthält auf Schüler oder Schülergruppen zugeschnittene, lehrzielbezogene Aufgaben auf Arbeitsblättern oder als Computerprogramm die von den Schülern in dafür freigehaltenen Unterrichtsbereichen und im Rückgriff auf weitere Arbeitsmittel, Materialien oder Gegebenheiten in der Schulumgebung in eigenem Lerntempo gelöst werden sollen. Sie intendieren sowohl die Sicherung des Basiswissens (»Pflichtbereich«) für alle Schüler durch entsprechende differenzierte Förderung, als auch die Berücksichtigung individueller Fähigkeiten und Interessen (»Kürbereich«). Die Kontrolle über die Richtigkeit der gelösten Aufgaben kann von den Schülern selbstständig durchgeführt werden (Ergebnisblätter u.ä.) (vgl. Jürgens 2000 A, S. 100–104; 110–112). Didaktische Prinzipien und Modi gelten *alle* für den Wochenplan.

 Die Klassenkonferenz der Lehrer samt Schülervertretern prüfen in ausgewählten Unterrichtseinheiten das Vorhandensein oder Fehlen didaktischer Prinzipien oder Modi. Sie versuchen in kleinen Modellprojekten, bisher vernachlässigte Prinzipien und Modi anzuwenden!

Zusammenfassung

Die ausgewählten Lehr-/Lernmethoden verwirklichen die Modi eines Unterrichts im Sinne schülerorientierter Didaktik. Sie berücksichtigen:

● *Aktivität und Handeln* der Schüler,
● *Rhythmen* des schulischen Arbeitens (An- und Entspannung, Ruhe und Bewegung etc.),
● *Anregung* als Prämisse eines motivierenden Lernens,
● *Selbstständigkeit* als Weg wie als Ziel schulischen Lernens,
● *Kooperation* zwischen Lehrern und Schülern und unter den Schülern.

Alle Unterrichtsmethoden samt Medieneinsatz, die als *schülerorientierter, handlungsorientierter, differenzierter und offener Unterricht* geführt werden, erfüllen die genannten Kriterien:

● Freiarbeit,
● Gruppenarbeit (-unterricht),
● Lernzirkel,
● Projektunterricht,
● Spiele,
● Werkstatt-/Atelierunterricht,
● Wochenplanarbeit

Leseempfehlungen

Unterrichtsmethoden allgemein

Gudjons, H. ([2]1998): Didaktik zum Anfassen. Lehrer/in-Persönlichkeit und lebendiger Unterricht. Bad Heilbrunn. S. 109–188.

Peterßen, W.H. (1999): Kleines Methodenlexikon. München.

Die einer schülerorientierten Didaktik entsprechenden Methoden werden theoretisch und unterrichtspraktisch vorgestellt in

Jürgens, E. ([5]2000): Die »neue« Reformpädagogik und die Bewegung Offener Unterricht – Theorie, Praxis und Forschungslage. Sankt Augustin. S. 96–165.

Unterrichtsmethoden speziell

Laux, H. (2002): Originäres Lernen – Selbstbestimmung für Grundschüler. Baltmannsweiler.

Peschel, F. (2002): Offener Unterricht, Teil I: Allgemeindidaktische Überlegungen; Teil II: Fachdidaktische Überlegungen. Baltmannsweiler.

6. Planung schulischen Lehrens und Lernens

6.1 Planungsmöglichkeiten und -grenzen

Unterricht ist nicht exakt planbar

Für den Systematiker: Wir unterscheiden Unterrichtsplanung, d.h. langfristige (u.U. über ein Jahr gehende) Überlegungen zum Unterricht, von Unterrichtsvorbereitung, d.h. konkreten Überlegungen zu einer Unterrichtsstunde oder -einheit (= mehrere thematisch zusammenhängende Stunden), zu denen jeweils die Planung des Verlaufs der Stunde(n) gehört.

Muss Unterricht überhaupt geplant werden? Entzieht sich das von handelnden Personen gestaltete Geschehen, insbesondere dann, wenn wir Schülerorientierung und den Ansatz des Offenen Unterrichts ernst nehmen, nicht den planerischen Möglichkeiten?

Wenn wir von Planung und/oder Vorbereitung sprechen, meinen wir die Produktion plausibler und rationaler Entscheidungen, die sich begründend auf antizipierte Handlungen beziehen.

Gewiss, dies sei den Perfektionisten ins Stammbuch geschrieben, exakt lassen sich keine genauen Abhängigkeiten im Unterricht zwischen – auf der einen Seite – Impuls, Eingabe, Anregung u.ä. und – auf der anderen Seite – Handlungen u.ä. herstellen. Allenfalls handelt es sich um normative und kognitive Lernangebote, wobei die Reaktionen der Schüler fiktiv bleiben, dies jedoch im Rahmen gewisser – aus der Erfahrung der Wirksamkeit der Angebote gewonnener – Wahrscheinlichkeiten. Im strengen Sinne kann also nicht – wie Peterßen es fordert – von »Eindeutigkeit« (Peterßen 1998, S. 32) die Rede sein. Es gibt keine Sicherheit der Planung hinsichtlich der Ergebnisse. Dem Planenden bleibt – das muss genügen – nur die Handlungsmaxime: »Ich tue mein Bestes im Rahmen meiner Möglichkeiten, die ich zu erweitern suche!« Das zieht die Verantwortung der Lehrer für sachliche, didaktische und methodische Planungs- und Handlungs*kompetenz* nach sich.

Die beschriebene Ungewissheit kann aber auch als Vorteil angesehen werden. Unterricht wird entschematisiert und zu einem kreativen und offenen Antizipationsprozess, der durch flexibles und variables Planen und Vorgehen, durch ein dezidiertes Eingehen auf die Schüler samt eventueller Hilfsangebote sowie die Notwendigkeit des Diskurses über die Einzelergebnisse mit anderen Lehrern und Mitschülern gekennzeichnet ist.

Gerade *Freiräume* (vgl. Kap. 4.4) und Offenheit verlangen nach – freilich variabler – Planung. Ohne sie dürfte die Möglichkeit sinnvoll zu nutzender Freiheit der Schüler kaum angemessen zu verwirklichen sein. Spontan gegebene »Freiheit« – dies wissen Schüler – sichern keine Qualität und meist auch keine wirkliche Freiheit des *Handelns*, sie fördern eher Beliebigkeit und das Gefühl des Überflüssigen.

Offene Unterrichtsplanung und Freiräume für Schüler

Diese Aussagen entsprechen einer *offenen Unterrichtsplanung* (vgl. Peterßen 1998, S. 153–168 – dort vor allem der Bezug auf Biermann, vgl. Peterßen, S. 169–176), die den Lehrern gerade in Kooperation mit ihren Schülern Planungsfreiräume (allerdings nicht den Verzicht auf Planung) eröffnet. Diese Freiräume ergeben sich aus der Tatsache, dass Räume für unterschiedliche Voraussetzungen, Ziele, Kooperationen und Interessen bei Schülern und Lehrern von diesen u. U. erst im Unterrichtsverlauf und nach entsprechender Diskussion zu füllen sind.

6.2 Planungselemente des Unterrichts

Wir kennen etliche Modellvorstellungen zur Unterrichtsplanung. Sie alle enthalten:

- die Berücksichtigung der Bedingungen (6.2.1),
- die Festlegung von Themen, Intentionen und Zielen (Zielaspekt) (6.2.2),
- die Festlegung von Methoden, Medien, Lernumfeld etc. (Verlaufsaspekt) (6.2.3).

6.2.1 Bedingungen

Der aufgestellte Katalog zum Bedingungsfeld (vgl. Kap. 3.7) ist aus systematischer Sicht als Ganzes zu beachten; für die konkrete Unterrichtsvorbereitung jedoch nur begrenzt heranzuziehen.

Einflüsse von Interessengruppen

Die für eine theoretische Analyse richtige und notwendige Aussage, dass Interessengruppen konkret – etwa durch Klagen über schlechte Kenntnisse des Rechtschreibens und Rechnens – auf den Schulunterricht und die Planung der Lehrer einwirken und dies – wie auch die Milieubedingungen der Schüler – sehr wohl einen Einfluss auf das planerische Verhalten von Lehrern ausübt, ist im Rahmen einer Diskussion über Funktionen und Aufgaben der Schule gewiss bedeutsamer als für konkret planende Lehrer. Sie werden nicht wegen gesellschaftlicher Kritik, sondern primär aus pädagogischer Verantwortung für die Sicherung des Basiswissens sorgen.

Es kann bei der Unterrichtsplanung weniger darum gehen, stets jede mögliche Einzelheit des Bedingungsfeldes mechanistisch abzurufen. Die kompetente Lehrkraft wird sich einerseits über die grundlegenden Bedingungen ihrer Schule und ihrer Schüler auf dem Laufenden halten, und sie wird andererseits auf die Bedingungen, die ihren speziellen Aufgabenbereich (u.a. Fächer) betreffen, einen besonderen Blick werfen. Hinsichtlich ihrer konkreten Planung jedoch wird sie bevorzugt solche Aspekte des Bedingungsfeldes berücksichtigen, die einen direkten Bezug zu den Schülern, dem Thema, Ziel und den ins Auge gefassten Methoden aufweisen (z.B. konkretes Vorwissen, Vorkenntnisse der Schüler wie der Lehrer ausschließlich zur Stunde; Eltern, wenn sie im Unterricht mitwirken; Curricula, Schulumgebung und -ausstattung, wenn sie die aktuelle Vorbereitung betreffen). Jedenfalls ist nicht für jede separate Unterrichtseinheit eine komplette Bedingungsfeldanalyse zu erstellen; es wird in aller Regel die konkrete *Orientierung* am Unterrichtsziel, -aufbau und -plan genügen.

Lehrpläne   Von besonderem Interesse ist der Bezug auf *Lehrpläne*! Inwieweit werden Lehrer durch sie festgelegt? Die inhaltlichen Festlegungen des schulischen Unterrichts haben durch die Richtlinien aller Schulformen in den letzten 50 Jahren zugenommen. Die so genannte Qualitätssicherung des Schulunterrichts verstärkt diese Tendenz. Schließlich lassen sich gelernte Inhalte eher objektiv und kurzzeitig abfragen als Wissensstrukturen oder erworbene Verhaltensweisen und Qualifikationen (z.B. Lerntechniken). Die so zu Stande kommende Fixierung des Lernens auf zumeist abfragbare Inhalte engt die Bandbreite möglicher schulischer Lernförderung erheblich ein. Motivation, Interessenweckung, Kreativitätsförderung, ambivalentes und strukturelles Denken werden zu Gunsten bloßen Faktenwissens zurückgedrängt. Außerdem wirken die wegen der besseren Vergleichbarkeit nunmehr flächendeckend nahezu gleichen Lehrplaninhalte kontraproduktiv zu jeder individuellen und schülerbezogenen Förderung. Gewiss, basale Kenntnisse und Qualifikationen sind allen Schülern gleichermaßen (nicht unbedingt »gleich«!) zu vermitteln; Lehrpläne müssen daneben dem Einzelnen jedoch genügend Raum für den Erwerb von speziellem, etwa von Expertenwissen lassen (vgl. Kap. 2). Lehrer und Schüler mit einer nicht zu bewältigenden Fülle angeblich unerlässlichen Wissens in allen Fächern zuzuschütten, wie es in den gegenwärtigen Lehrplänen zumeist geschieht, das schafft allenfalls Frustrationen.

Wo schülerorientierter Unterricht tatsächlich verwirklicht werden soll, sind Entscheidungen, auch curriculare, vor Ort und dezentralisiert zu treffen und zwar durch die Lehrer. Sie kennen die Schüler genauer; sie können Unterricht angemessener als jeder pauschal geltende Lehrplan auf die reale Schülerschaft beziehen!

6.2.2   Zielaspekte

6.2.2.1 Intentionen

Die grundlegenden Intentionen schulischer Arbeit lauten:
- Förderung des Lernens,
- Förderung des Individuums,
- Förderung des Sozialverhaltens (vgl. Kap. 2; 3.1-3.6; 4.5; Bennack 1999, S. 84-90).

**Zielsetzungen
des Unterrichts**

6.2.2.2 Ziele

Unterricht muss (per definitionem) zielgerichtet sein (vgl. Kap. 4.1). Im Gegensatz zu unverbindlichem Agieren sollen Ziele angestrebt und erreicht werden. Gemäß den grundlegenden Intentionen des Schulunterrichts (vgl. Kap. 6.2.2.1) lauten diese Ziele:

- **Selbstlernkompetenz** (zur Förderung des Lernens).
  Grundlage sind fundiertes Basiswissen und Basisqualifikationen (Verhalten). Dies wird durch spezielles Wissen und Verhalten entsprechend den individuellen Neigungen, Interessen und Begabungen der Schüler ergänzt. Bei allen Lernvorgängen sollten Selbstständigkeit und Eigenverantwortlichkeit intendiert werden.
- **Selbstwertgefühl** (zur Förderung des Individuums).
  Differenzierte, schülergemäße Aufgabenstellungen, die die Schüler zu motivieren vermögen und ihnen Erfolgserlebnisse vermitteln, steigern das Selbstwertgefühl.
- **Verantwortungsbewusstsein** (zur Förderung des Sozialverhaltens).
  Verantwortung wird geübt, wenn Schüler selbst Verantwortung übernehmen können, z.B. durch Mitbestimmung bei den Regeln des Zusammenlebens (u.a. Streitschlichtungsprogramme), bei Unterrichtsthemen und -methoden.

Nach ihrem Inhalt unterteilen wir die Ziele in

- **inhaltliche und in Verhaltensziele.**
  Beispiele: Alle Schüler schreiben die neugelernten Wörter nach Diktat fehlerlos (inhaltlich). Alle Schüler halten sich an die verabredeten Gesprächsregeln (Verhalten).
  Das Erreichen des inhaltlichen und Verhaltensziels in den Beispielen wird mehr oder weniger nachprüfbar *(operationalisierbar)* sein. Wenn möglich, ist eine Überprüfung darüber anzustreben, ob die gesteck-

ten Ziele erreicht wurden. Dies dürfte schon deshalb sinnvoll sein, weil nur dann der Lernstand der Schüler und ein eventueller Ausgleich von Defiziten insgesamt oder differenziert möglich ist. Allerdings entziehen sich etliche Ziele, insbesondere im Verhaltensbereich einer eindeutigen oder auch kurzfristigen Überprüfung.

Beispiel: Die Schüler gehen mit dem »Anderssein« bei Mitschülern (Religion, Hautfarbe, Sprache etc.) tolerant um (Verhalten – schwer operationalisierbar).

Nichts desto weniger verlangt es das Selbstverständnis der Schule als pädagogisch-didaktische Einrichtung, den Schülern Ziele zu setzen und für die Schüler Intentionen anzustreben.

Nach ihrer Genauigkeit (Ebenen) unterteilen wir Ziele in

- **Richtziele, Grobziele und Feinziele.**
  Beispiele: Als *Richtziele* können die Förderung des Lernens, Individuums und Sozialverhaltens (vgl. Kap. 6.2.2.1) angesehen werden.
  Grobziele beziehen sich meist auf Fächer und deren Anteile, bzw. auf allgemeine Qualifizierung und Verhalten; wegen ihrer Allgemeinheit entziehen sie sich der kurzzeitigen Überprüfung, etwa:
  - Die Schüler erkennen in Multiplikation und Division wechselseitig abhängige Operationen.
  - Die Schüler akzeptieren, dass Gespräche Regeln unterliegen, damit ein fairer Umgang miteinander gesichert wird.

  Feinziele zu den genannten Grobzielen (und häufig operationalisierbar) wären etwa:
  - Alle Schüler sind in der Lage, aus einer beliebigen Multiplikationseine Divisionsaufgabe zu bilden – und umgekehrt.
  - Alle Schüler halten sich an die aufgestellten Gesprächsregeln.

Nach der angestrebten Befähigung sprechen wir von

- **kognitiven, psychomotorischen** und **affektiven Zielen** (vgl. von Martial/Bennack 2002, S. 92–97).
  Beispiele:
  - Alle Schüler zählen mindestens 5 (der im Unterrichtsentwurf genannten) wirtschaftlichen Fakten Berlins auf (kognitiv – operationalisierbar).
  - Alle Schüler verstehen, es gibt eine juristische und eine ethische Gerechtigkeit (kognitiv – bedingt operationalisierbar – zu Planungsbeispiel »B«).
  - Alle Schüler sind in der Lage, ein »e« so zu schreiben, dass es eindeutig identifizierbar ist.

– Alle Schüler führen die »Rolle rückwärts« ohne Hilfe durch (beide: psychomotorisch – operationalisierbar).
– Alle Schüler verstehen, dass ohne Toleranz ein Zusammenleben von Menschen schwierig ist (affektiv – kaum operationalisierbar).

6.2.2.3 Themen

Die genannten Auswahlkriterien und die didaktischen Prinzipien (vgl. Kap. 4.1) bestimmen die Art und Weise der Themenbehandlung im Unterricht. »Moderner« Unterricht muss nicht ausschließlich fächerübergreifend sein. In einem ordnenden oder akzentuierenden Unterricht hat selbstverständlich auch die fachliche Arbeit ihren Sinn. Allerdings erfordert die Lebensnähe, der Realitätssinn und die Lebensvorbereitung, dass der Schüler (und der Lehrer) lernt, nicht nur in Fachschubladen zu denken. Isolierte fachliche Unterrichtsteile werden also in übergreifende Fragen (durch Anwendung, Übung, Festigung) einzubinden sein.

Gefächerter und fachübergreifender Unterricht

6.2.3 Verlaufsaspekte

Zur Erfassung der Bedingungen des Unterrichts (vgl. Kap. 3) bieten sich im Rahmen der Planung schulischen Lehrens und Lernens Möglichkeiten zur *Gestaltung* der Bedingungen, insbesondere durch ein Arrangement des Lernumfeldes und der -methoden (vgl. Kap. 4.4; 6.2.3.1). Durch sie sollen Schüler veranlasst werden, nach ethischen und moralischen Maßstäben individuell und sozial zu handeln, der Welt gesamt, gegenwärtig und historisch, unter Berücksichtigung individueller und sozialer Ansprüche zu begegnen und sie (z.B. durch Konfliktregelungen) zu bewältigen.

Gestaltung der Lernbedingungen

6.2.3.1 Lernumfeld

Die Möglichkeit der Gestaltung des Lernumfeldes wurde beschrieben (vgl. 4.4). Dabei geht es um die Einrichtung des *Lernortes,*

● entsprechend der Schülergemäßheit (geeignete Medien, Motivation),
● entsprechend der Kooperation der Schüler (Ermöglichung von Sozialerfahrungen, d.h. Berücksichtigung von Umgangsregeln und -formen),
● sodass Schüler an den Regelungen des Schullebens wie an der Planung des Unterrichts (vor allem inhaltlich) beteiligt sind.

Allerdings sollen nicht alleine solche Themen und Methoden vorgesehen werden, die der Schülerbequemlichkeit oder bloß der Tradition entsprechen. Vielmehr soll die Beteiligung der Schüler an der Inhalts- wie der Methoden- und Medienauswahl *Gespräche* und *Verhandlungen* vorsehen, die der Förderung der Schüler insofern dienen können, als diese neue Lernelemente kennen lernen und einüben können.

6.2.3.2 Methoden und Medien

Kriterien zum Methoden- und Medieneinsatz

Der Methodeneinsatz dient dazu, Schülerinteressen und gesellschaftliche Notwendigkeiten in Einklang bringen; er ist keineswegs beliebig (vgl. Kap. 5). Er ist schon gar nicht manipulativ anzuwenden, wie es manche Trainingsprogramme suggerieren. Methoden bleiben von den speziellen Inhalten und Intentionen abhängig und an die konkreten Schüler gebunden. Alle Arten methodischer »Tricks« tragen nicht weit; sie sind nicht spezifisch schülerorientiert! Unterricht soll die Persönlichkeit jedes individuellen Schülers formen. Vielleicht kann man Schüler begrenzt manipulieren (übertölpeln); Didaktik – pädagogisch legitimiert – strebt Überzeugung an, deren Voraussetzung Echtheit und Ehrlichkeit im Verhältnis von Lehrern und Schülern ist. Bei der Planung sind unter dem Gesichtspunkt der Methode zu beachten:

- Elemente der Kontrolle.
- Aktivität (= Handlungsorientierung) der Schüler im Unterricht, wobei durchaus unterschiedliche Handlungsstränge (Alternativen) ermöglicht werden sollten.
- Neugier der Schüler, die mittels Aktuellem, Interessantem oder Wichtigem, insbesondere durch die Einbeziehung der Realität geweckt wird.
- Reize (taktile, optische, akustische und kognitive Reize) (vgl. Kap. 3.5) zur Weckung von Aufmerksamkeit und Interesse nutzen.
- Durch Methoden Eigenständigkeit und Eigenverantwortung der Schüler ermöglichen (durch forschen, suchen, sammeln etc. lassen); dagegen rezeptives Lernen (belehren!), Eingriffe und Hilfen des Lehrers auf Notwendiges beschränken!
- Kooperation und Beteiligung der Schüler soll durch diskursiv gestaltete Planungselemente mit den Lehrern und unter den Schülern gefördert werden; soziales Verhalten wird dadurch eingeübt!
- Leistung und Erfolg durch angemessene, d.h. im Wesentlichen differenzierte Anforderungen beim Lernzugang, -fortschritt und -ziel, ermöglichen!
- Positive Emotionen verbessern Motivation und Lernerfolg!

● Angespanntes Lernen braucht entspannende Phasen, geistige Arbeit bedarf der Abwechslung durch Bewegung; der Methodeneinsatz muss rhythmisch diesen Fakten folgen.

Medien sind diesen Kriterien zuzuordnen. Sie können Kontrollen durch die Schüler selbst ermöglichen und je nach Schülern differenziert eingesetzt werden. Sie sollen Aktivität, Neugier, Aufmerksamkeit und Interesse und vor allem die Eigenständigkeit wie die Kooperation der Schüler unterstützen. Bei eigenständigem Gebrauch durch die Schüler sorgen Medien per se für einen optimalen, weil selbstbestimmten Lernrhythmus.

(Zur gesamten Aufstellung vgl. Kap. 4.1 und 5.2)

6.2.4 Interdependenz

Die Elemente des Unterrichts dürfen nicht isoliert gesehen werden, sie sind bei Planung und Analyse miteinander verknüpft (vgl. Perterßen 1998, S. 40f.). Es kann aus der Sicht der Planung keinem Element eine Priorität eingeräumt werden: Inhalte, Ziele und Methoden sind wechselseitig und bedingungsabhängig; Wissens- oder Verhaltensinhalte bedingen die Art der Ziele, ihren Bereich (kognitiv, psychomotorisch, affektiv) und ihre Konkretionsstufe (Richt-, Grob- und Feinziel); sie verlangen entsprechend angemessene Methoden und (teils davon abhängig) Medien.

Wechselwirkung der Planungselemente

6.3 Schritte zur Unterrichtsplanung

Eine Unterrichtsplanung beinhaltet plausibel folgende Elemente, unabhängig davon, ob sie lang- oder kurzfristig angelegt, überblickhaft oder spezifiziert ist, ob sie eine oder mehrere Schulstunden (= Unterrichtseinheit) umfasst.

Genese einer Unterrichtsstundenplanung

1. Idee
Die Idee einer Stunde kann aus jedem der Planungselemente geboren werden, einem verfügbaren Medium, einer Lehrplananregung, einem Problem der Schüler usw. Sie wird stets um ein Thema kreisen, das es gründlich zu bedenken gilt. Der Planende wird vielleicht schon jetzt – in Gesprächen mit den Schülern – nach und nach die Idee mit Teilen aus den Planungselementen anreichern, die Stimmigkeit prüfen, ändern usw. Die Ausgestaltung der Idee – umfangreich oder knapp – ist für Unter-

richtsplanungen konstitutiv, es würde doch sonst der Planung die Lebensnähe fehlen, sie wäre schematisch und bloße Routine, sie bliebe ohne Engagement und Inspiration!

2. Orientieren
Die direkt auf den Unterricht bezogenen möglichen Gesichtspunkte (vgl. Kap. 3.7; 6.2.1) sind die folgenden:

Voraussetzungen des Unterrichts
1)   Vorwissen, -kenntnisse der Schüler;
2)   Methodenbeherrschung der Schüler (Grad der Aktivität, Selbstständigkeit, Kooperation, Medienbeherrschung);
3)   Schülerinteressen, Begabungen, Zugänge, Begrenzungen etc.;
4)   Für die Schüler günstige und ungünstige Lernformen (Medien, alleine, kooperativ, Hilfe);
5)   Lernklima, Disziplin (problematische Schüler);
6)   Möglichkeiten und Grenzen des Lehrers, Kollegium;
7)   Elternhilfe?
8)   Einzuhaltende Vorschriften (Sicherheit, Richtlinien etc.);
9)   Lehr-, Lern- und Arbeitsmittel, Materialien, Zuschüsse;
10) Klasse (Größe u.a.), Haus, Hof, Umgebung – Möglichkeiten und Grenzen für die Planungseinheit.

Welche Aufgaben ergeben sich aus den Bedingungen zur Orientierung?
1)   Inhaltlicher Anschluss, Differenzierung und mögliche Weiterführung;
2)   Mögliche Methoden;
3)   Motivationsmöglichkeiten und –notwendigkeiten;
4–6)   Mögliche und sinnvolle Arbeits- und Kooperationsformen;
7)   Experten oder Helfer hinzuziehen?
8)   (Zusätzlich zum Schülerbedürfnis) eventuell Außenlegitimation des Inhalts, Stundenorganisation;
9–10) Gegebene materielle Möglichkeiten.

3. Abstimmen
Eine Kommission für europäische Menschenrechte, der der ehemalige Bundespräsident Herzog vorsteht, fordert u.a., Kinder seien in Entscheidungen, die sie betreffen, einzubeziehen. Sowohl bei der Konstruierung des Sozialgefüges, wie bei der Erarbeitung seiner Regeln und bei der Auswahl vieler Unterrichtsthemen und Überlegungen zu ihrer Bearbeitung (Ziele, Methoden) können Schüler beteiligt werden. Nur eine solche Beteiligung kann deren Engagement und überzeugte Anpassung an Stelle von Widerstand und Gleichgültigkeit bewirken.

Weitere Abstimmungsbereiche betreffen Teamarbeit, Anträge, Anfragen (z.B. bei Exkursionen) mit Kollegen. Außerdem ist die Interdependenz der Planungselemente (vgl. Kap. 6.2.4) abzustimmen.

4. Bestimmen

Der perspektivische Prozess ist mit der Idee des Unterrichts samt deren Folgerungen ausgereift. Aus der Analyse der Bedingungen haben wir unsere Schlussfolgerungen gezogen. Mit den Schülern, gegebenenfalls mit Kollegen, haben wir – wo möglich – über Inhalte und Methoden gesprochen.

Nunmehr können wir:
- die Inhalte genau analysieren,
- die Inhalte *sachgemäß*, als Ganze, Teile und differenziert auswählen; auf ihre gesellschaftliche Legitimation wie auf die Bedeutung für die Schüler achten (vgl. Kap. 4.1),
- Methoden und Medien bedenken (vgl. Kap. 5),
- den Lernort einrichten (vgl. Kap. 4.4),
- didaktische Prinzipien beachten und vorsehen (vgl. Kap. 4.1):
  - schülergemäß – d.h. insbesondere verständlich und interessant,
  - elementarisiert,
  - exemplarisch,
  - schulgemäß,
  - Lernüberprüfung,
  - Lernfestigung,
- Modi beachten und vorsehen (vgl. Kap. 4.1):
  - Aktivität und Handeln der Schüler,
  - Rhythmisierung (Spannung, Entspannung/Ruhe, Bewegung),
  - Anregungen/Motivation,
  - vielfältige Reize zur Lernmotivation,
  - Gelegenheit zu Selbstständigkeit und Leistung der Schüler,
  - Gelegenheit zur Kooperation.

Je mehr der Unterricht den Schülern Eigenverantwortlichkeit übertragen kann, umso weniger *bestimmt* der Lehrer die inhaltliche Auswahl, die Methoden und Modi des Lernprozesses. Es bleibt den Lehrenden allerdings die Verantwortung für die inhaltliche Analyse, weil Inhalte nicht beliebig zu setzen sind, und für den Erfolg im Sinne einer Förderung des Lernens, des Individuums und des Sozialverhaltens.

Genau in diesem Sinne ist auch hinsichtlich der Zielsetzungen (siehe folgend 5.) zu verfahren. Ziel*setzung* widerspricht der Idee von Schülern selbstinitiierter und -gestalteter Lernprozesse. Lehrer aber müssen sich auch in offenen Unterrichtsformen (vgl. Kap. 5.3) über Lernfortschritte *vergewissern* (vgl. Kap. 8 »Ertrag des Unterrichts«, »Erfolg des Unterrichts«) und gegebenenfalls Defizite auszugleichen versuchen.

5. Ziele setzen

Auf der Basis des Ab- und Bestimmungsprozesses werden die Ziele konkret gesetzt (vgl. Kap. 6.2.2). Die Planungsfragen lauten:

- Welche Inhaltsziele werden gesetzt (z.B. zum Abbau vorhandener Defizite, als Anregungen oder Erweiterungen), (Wissen erweitert?)
  - als Basisziele,
  - als differenziertes ergänzendes Wissen.
- Welche Verhaltensziele werden gesetzt (z.B. zum Abbau von Defiziten, als Anregungen oder Erweiterungen)
  - zur Selbstlernkompetenz (Lernvermögen gefördert?),
  - zum Selbstwertgefühl (Individualität gefördert?),
  - zum Verantwortungsbewusstsein (Sozialverhalten gefördert?).
- Zielgenauigkeit
  - Richtziel (mit der Notwendigkeit, langfristig Ergebnisse zu überprüfen),
  - Grobziel (sofort oder später in Feinziele umzuwandeln),
  - Feinziel (mit der Notwendigkeit, sich u.U. annähernd einen Überblick über den Lernerfolg zu verschaffen).
- Zielstrategie
  - Kognition,
  - Psychomotorik,
  - Affektion.

6. Anordnen

Stoffvermittlung, Zielerreichung und -sicherung unter den angegebenen Ansprüchen unterliegen sachlogischen (thematischen oder didaktischen oder pädagogischen) Abläufen, die man, bevor der Stundenverlauf zu konzipieren ist, feststellen muss. Festzulegen sind:

- Gliederung des Themas in Teilaspekte,
- Bezug der Teilaspekte zu Zielen,
- Differenzierungen,
- Motivations-, Reiz-, Anregungselemente (Emotionen angesprochen?),
- Phasen der Aktivität bei Lehrern und Schülern,
- Sozialformen,
- Anwendungen des Gelernten,
- Lernkontrollen (Alle Möglichkeiten der Übung des Wissens beim Lernenden werden wegen der Fairness vor dem Leistungstest ausgeschöpft. Mittel: Motivation, Wiederholung, Übung),
- Übungsphasen (Einprägen, Festigen, Prüfen des Gelernten).

Im schülerverantworteten und -selbstkonzipierten Unterricht entfällt sowohl die Lehreraufgabe des Anordnens (s.o.) wie des Arrangierens (vgl. folgend 7.).

7. Arrangieren
Zur Sicherung des Unterrichtsverlaufs (vgl. 8.) sind Voraussetzungen zu schaffen:

- In der Schule: Organisation, z.B. Stundenplanänderung.
- In Schulgebäude und Klassenraum: z.B. herrichten.
- Medien müssen bereitgestellt und einsatzbereit sein.
- Die Schüler sollten z.B. das erwartete Vorwissen besitzen oder Materialien mitgebracht haben.

8. Durchführen
Die Durchführung wird durch die **Verlaufsplanung** unterstützt, die folgende Schritte aufweisen sollte:

- *Umstände nennen*
  Schule, Klasse, Fach, Thema, Tag, Stunde,
  Besonderheiten (Prüfung, Hospitation, etc.)
- *Ziele nennen*
  Hier Realisierung von »Ziele setzen« (vgl. Kap. 6.3, hier: 5.)
- *Gliedern*
  Teilthemen mit Teilzielen
  Methodisch:
  - Aktionsverteilung
  - Sozialformen
  - Verlauf (Unterrichtsablauf: Phasen, Stufen)
  - Methodisches Konzept des Unterrichts (vgl. Kap. 5.1)
  - Differenzierungen – mit Teilzielen
  dazu: zeitliche Gliederung!

In die Gliederung sind zu integrieren:
- *Motivation,* d.h. Stellen für Anreize (evtl. auch Emotionen), Wecken von Aufmerksamkeit und Interesse etc. (gegebenenfalls differenziert).
- *Aufgaben.* Sie sind – im Zusammenhang mit den Zielen – für den gesamten Unterricht oder für einzelne Abschnitte (gegebenenfalls differenziert) zu bedenken und werden schriftlich, mündlich oder in Arbeitsmitteln integriert den Schülern vorgelegt. Von großer Bedeutung ist ihre für die Schüler unmissverständliche Formulierung.

- *Kontrollen.* Unterricht muss so stattfinden, dass Lehrer die Möglichkeit haben, sich mit dem Einzelschüler und seinem Lernprozess zu beschäftigen, beispielsweise durch etliche Unterrichtsanteile, die Einzel-, Stillarbeit oder selbstständigen Unterricht vorsehen. Eine Überprüfung erreichter oder nicht erreichter Lernziele ist überhaupt und am besten dort einzuplanen (vgl. Kroner/ Schauer 1997, S. 193–205). Hierzu dienen der Augenschein, Gespräche mit Schülern, Lösungsblätter und Kontrollaufgaben (Lückentexte, Ergänzungsvorlagen, Wiederholungen durch Schüler oder Transferleistungen). Viele Schülerarbeitsmittel sehen die Lernselbstkontrolle der Schüler vor.
- *Korrekturen.* Unterrichtsvorbereitungen sollten Alternativen für den Fall einplanen, dass das Lernziel nicht, nicht von allen, nur teilweise oder auch zu schnell erreicht wurde. Auf diese Weise kann Schematismus und Unflexibilität des Unterrichts minimiert werden.
- *Einprägen.* Für jede Lerneinheit ist – gemäß den angestrebten Lernzielen – ein Konzept des Wiederholens, Anwendens, Übens zu erstellen, um die Sicherung der Wichtigen zu erreichen.

Wenn Schüler selbstständig Lernprozesse initiieren und durchführen, ist eine Verlaufsplanung überflüssig. Lehrern bleibt jedoch die Verantwor-

Übersicht einer Verlaufsplanung		
Umstände:		
Ziele:		
Teilthemen:	Methoden:	Ergänzungen:
1.	Aktionsformen: Sozialformen: Phasen: Methodenkonzeptionen: Differenzierungen:	Motivation: Aufgabe: Kontrolle: Korrektur:
2.	Aktionsformen: Sozialformen: Phasen: Methodenkonzeptionen: Differenzierungen:	Motivation: Aufgabe: Kontrolle: Korrektur:
n.	Aktionsformen: Sozialformen: Phasen: Methodenkonzeptionen: Differenzierungen:	Motivation: Aufgabe: Kontrolle: Korrektur:

tung, Ertrag und Erfolg des Unterrichts zu reflektieren (vgl. Kap. 8: »Ertrag«, »Erfolg« – ohne den Aspekt »Lehrer«).

9. Reflektieren

Der kritische Blick des Unterrichtenden erstreckt sich in seiner Lehr-/Lernanalyse (vgl. Kap. 8) auf etliche Aspekte der Planung, Durchführung und des Unterrichtsergebnisses. Die Analyse sichert Erfahrungen, eröffnet Fragen, denen nachgegangen wird und vermittelt Einsichten, die Auswirkungen auf künftige Planungen haben und die darüber hinaus die berufliche Qualifikation des Lehrers verbessern. Hinsichtlich der folgenden Unterrichtsstunden sind durch die Analyse konkrete Hinweise zur

Weiterführung der Ziele
zu erhalten.

10. Archivieren

Die Reflexionsergebnisse sind niederzulegen. In Bezug auf Schülerleistungen etwa im Lehrerkalender notierte Zensuren genügen aber nicht! Eine Schülerleistung ist differenzierter; sie verlangt vor allem helfende Überlegungen! Das könnte eine *Schülerkartei* leisten, die individuelle Leistungen und Ergebnisse des Schülers enthält, festgestellte Talente, Interessen, Lücken, Lernschwierigkeiten (mit Übungs- und Förderplänen), dazu Ansätze zur Motivation und Lernfähigkeiten. Die Schülerkartei soll keine Geheimakte sein; der Schüler kann bei regelmäßigen Besprechungen Einblick nehmen.
Ergänzend ist an eine *Klassenkartei* zu denken. Sie schildert die großen Themen, Verlaufsplanungen und Vorbereitungen, die vorgenommen

> Bitte erstellen Sie nach dem Planungsraster eine skizzenartige Unterrichtsvorbereitung und diskutieren Sie diese mit einer hospitierenden Person (Kollege, Referendar, Praktikant).

Differenzierungen, die besonderen Veranstaltungen, Stundenanalysen, Gesprächsnotizen mit Unterrichtsbeobachtern und mit Schülern.
Standortpläne schließlich verorten die Möglichkeiten der Schule selbst (Medien, Fachräume etc.) und der Schulumgebung (Anschauung für bestimmte Themen: Geografisches, biologisches, geschichtliches, gesellschaftliches, etc.).
Aus dem reflektierten Unterricht ergibt es sich, ob ggf. Ergänzungen und Veränderungen in der Schule (Personal, Räume, Ausstattung, Material) vorzusehen sind, ob das Schulprogramm zu verändern ist.

Zusammenfassung

Unterricht entzieht sich hinsichtlich der Zielgenauigkeit exakter Planung. Durch Unterrichtsplanung werden vor allem Lernangebote bereit gestellt, mögliche Lernergebnisse werden allenfalls antizipiert. Dabei handelt es sich um allgemein gefordertes Basiswissen ebenso wie um eröffnete Freiräume zum differenzierten Erfahrungserwerb.

Die intendierten Grundziele allen Schulunterrichts lauten:
● Förderung des Lernens,
● Förderung des Individuums,
● Förderung des Sozialverhaltens.

Elemente der Unterrichtsplanung sind:
● Bedingungen, Intentionen, Ziele, Themen, Gestaltung des Lernumfeldes, Methoden (samt Medien). Eine Unterrichtsvorbereitung vollzieht sich – daraus abgeleitet – in folgenden Schritten:
● Ideenentwicklung,
● orientieren,
● abstimmen,
● bestimmen,
● Ziele setzen,
● anordnen,
● arrangieren,
● durchführen (Reihung der Verlaufsplanung):
  – Ziele nennen,
  – gliedern,
  – motivieren,
  – Aufgaben stellen,
  – Kontrollen vorsehen,
  – Korrekturen vorsehen,
  – einprägen.
● Reflektieren samt
  – weiterführen der Ziele.
● Archivieren (Schüler-, Klassenkartei, Standortpläne, Vorhaben, Schulprogramm).

Zu beachten ist die veränderte planerische Rolle der Lehrer/innen, wenn Schüler selbstständig Lernprozesse durchführen.

Leseempfehlungen

Form und Beispiel Unterrichtsvorbereitung

Kroner, B./Schauer, H. (1997): Unterricht erfolgreich planen und durchführen. Köln. S. 123, 124, 249–260.

Peterßen, W.H. (⁸1998): Handbuch Unterrichtsplanung – Grundfragen, Modelle, Stufen, Dimensionen. München. S. 175–182.

Unterrichtsphasen

Kroner, B./Schauer, H. (1997): Unterricht erfolgreich planen und durchführen. Köln. S. 133–141.

Lernziele

von Martial, I./Bennack, J. (2002): Einführung in schulpraktische Studien. S. 91–100.

7. Planungsbeispiele

Bei den folgenden Beispielen handelt es sich um für die Realität geplante und dort durchgeführte Unterrichtsstunden.

- Verlaufsplanung »A« blieb im Wesentlichen unverändert; auf Zeiteinteilung wurde verzichtet. Der Text zu »A« wurde an die hier vorgestellte Schrittfolge der Planung (vgl. Kap. 6.3) angepasst.
- Verlaufsplanung »B« (S. 111ff.) wird im Original wiedergegeben. Ergänzt wird »B« – im Sinne einer Anregung zu vermehrter Schülerbeteiligung – um Elemente möglicher Schülerbeteiligung in allen Schritten der Planung!

Verlaufsplanung A (vgl. Kap. 6.3; 1.–8.):

Umstände
- Realschule, Klasse 6 in »X«.
- Fach: Mathematik.
- Thema der Unterrichtsreihe: »Bruchzahlen und ihre unterschiedlichen Vorkommensweisen«.
- Thema der Unterrichtsstunde: »Wenn man teilt, erhält man Brüche – Einführung der Bruchzahlen«.
- Tag: 22.10.1997. Unterrichtsprobe im Rahmen einer Zweiten Staatsprüfung für das Lehramt für die Sekundarstufe I.
- Planende: Hiltrud Genau; Ausbildungslehrerin: Frau Gehring.

Ziele
- Unterrichtsreihe: Die Schüler sollen Bruchzahlen in ihren unterschiedlichen Vorkommensweisen kennen lernen und mit ihnen umgehen können.
- Unterrichtsstunde: Die Schüler sollen den Bruch als Teil eines Ganzen kennen und mit ihm umgehen können.

I. Teilthema: »Halbe, Viertel, Achtel«

Ablauf

● Begrüßung.
● Gemeinsames Falten von Kreisscheiben in Hälften, Viertel und Achtel.

Methoden		Ergänzung	
Aktionsform:	*Lehrerdemonstr./ Schülerarbeit*	Motivation:	*Aktivität/Medien*
Sozialform:	*Lehrgespräch*	Aufgabe:	*Falten nach Anweisung*
Phase:	*Einstieg*	Kontrolle:	*Augenschein*
Methoden-konzeption:	*Synthetisch*	Korrektur:	–
Differenzierung:	–		
Medien:	*Papierkreise, Tafel*		

II. Teilthema: »Drittel, Fünftel, Sechstel, Siebtel«; Begriff »Bruch«, Schreibweise

Ablauf

● Ergänzen der Begriffe »Drittel, Fünftel, Sechstel, Siebtel«.
● Ergänzung und Erläuterung der mathematischen Bruchschreibweise.
● Einführung des Begriffes Bruchzahl.
● Die Schüler erkennen, dass die Begriffe Drittel, Viertel usw. die untere Zahl des Bruches bestimmen.
● Erläuterung der oberen Zahl durch den Lehrer, wenn die Schüler keine Ideen haben sollten.
● Zwei Beispielaufgaben an der Tafel: Markierte Kreisteile gegeben, die die Schüler in Worten (vier Sechstel) und in Bruchschreibweise benennen.

Methoden		Ergänzung	
Aktionsform:	*Lehrerimpulse*	Motivation:	–
Sozialform:	*Lehrgespräch*	Aufgabe:	*Beobachten, Beispiele*
Phase:	*Erarbeitung lösen*	Kontrolle:	*Augenschein*
Methoden-konzeption:	*Synthetisch/ analytisch*	Korrektur:	*Lehrer wird obere Zahl erläutern, falls es die Schüler nicht tun*
Differenzierung:	–		
Medien:	*Papierkreise, Tafel*		

III. Teilthema: »Stationen« (s. Anlagen, S. 105ff.)

Ablauf

● Umwandeln: Bild – Text – Zahl.
● Sprachliche und mathematische Darstellung.
● Fehler als Verstehensübung.

Methoden		Ergänzung	
Aktionsform:	*Schülerarbeit*	Motivation:	*Aktivität/Medien*
Sozialform:	*Einzelarbeit und Hilfe*	Aufgabe:	*Arbeitsblätter*
		Kontrolle:	*Station 3*
Phase:	*Übung*	Korrektur:	*Ergebnisblätter zur*
Methoden-konzeption:	*Stationenlernen*		*Schülerselbstkontrolle*
Differenzierung:	*Versch. Übungs-gruppen an jeder Station*		
Medien:	*Arbeitsblätter*		

IV. Teilthema: »Abschluss«

Ablauf

● Gespräch über Probleme an den Stationen.
● Hausaufgaben: Eine ungelöste Aufgabe aus beliebiger Station lösen.

Methoden		Ergänzung	
Aktionsform:	*Lehrerimpulse*	Motivation:	*Gewecktes Interesse*
Sozialform:	*Lehrgespräch*	Aufgabe:	*Reflektieren*
Phase:	*Zusammenfassung*	Kontrolle:	*Generelles Verstehen*
Methoden-konzeption:	*–*	Korrektur:	*Lehrer kann auf Fragen und Antworten eingehen*
Differenzierung:	*–*		
Medien:	*Overheadprojektor*		

Einprägen: Erster Schritt durch die Hausaufgaben und deren Bespre-chung in der nächsten Stunde. Neben üblichen Wiederholungen wäh-rend des Weiterschreitens im Unterricht, bei dem Bruchzahlen immer wieder vorkommen, sind zur Festigung die Übungen (der Stationen) in Wiederholungsphasen am Beginn eine Mathematikstunde zu wiederho-len.

Idee
Die Idee zu dieser Stunde wird durch die Lehrpläne initiiert.

Orientieren (Weiterführung)
- Die heutige Stunde »Bruchzahlen, Einführung« ist die erste der Unterrichtsreihe ...
- 2. Stunde: Anwendungs- und Übungsaufgaben, Begriffe Zähler, Nenner.
- 3. Stunde: Brüche mit großen Nennern und Zählern.
- 4. Stunde: Gemischte Brüche.

Die Klasse 6 besteht aus 31 Schülern, 17 Jungen und 14 Mädchen. Ich unterrichte diese Klasse seit dem 15. Mai dieses Jahres in Mathematik und habe eine positive Einstellung der Schüler gegenüber dem Fach festgestellt. Die Klasse ist an der Arbeit mit Medien, wie Projektor, Arbeits- und Übungsblättern gewöhnt, wobei das Schulbuch trotzdem in fast jeder Stunde seinen Einsatz findet.

Den Schülern ist die Arbeitsform Stationslernen aus früheren Übungs- bzw. Wiederholungsstunden bekannt.

Drei Schüler wiederholen die sechste Klasse, sodass bei ihnen umfangreiche Erfahrungen mit Bruchzahlen vorausgesetzt werden können.

Das Thema Teilbarkeit natürlicher Zahlen wurde in der vergangenen Stunde abgeschlossen. In diesem Zusammenhang wurden unter anderem die Teilbarkeitsregeln, der größte gemeinsame Teiler, das kleinste gemeinsame Vielfache behandelt, was später für das Kürzen, den Vergleich und die Addition und Subtraktion ungleichnamiger Brüche von Bedeutung sein wird. ...

Die Richtlinien und Lehrpläne für Realschulen in NRW sehen die Einführung der Bruchzahlen für die Jahrgangsstufe 6 vor. Dabei sollen die Bruchteile hergestellt, verglichen bzw. der Größe nach geordnet und in Anwendungssituationen benutzt werden. Die Schüler sollen die Begriffe und die Regeln und Verfahren zu »Bruchzahl, Zähler und Nenner, erweitern, Kürzen und gleichnamig« erlernen.

Des Weiteren fordern die Richtlinien differenzierte Arbeits- und Übungsformen, um unterschiedliche Lernvoraussetzungen und Vorkenntnissen der Schüler auszugleichen. Eine Verknüpfung von Denken und Handeln erleichtert den Schülern den Einblick in die Thematik. Selbstbestimmtes und eigenverantwortliches Handeln sollen gefördert werden. Der Schüler soll sich seinen Interessen und seiner Leistungsfähigkeit bewusst werden und so die eigene Persönlichkeit entfalten.

Alle in Kap. 6 »Orientieren« genannten Folgerungen (1–10; ohne »Eltern«) wurden hier beachtet.

Abstimmen (fehlt)

Bestimmen
Die Forderungen der Richtlinien (vgl. oben »3. Orientieren«) werden
Einfluss auf die Wahl der Übungsform dieser Stunde haben. Die Bruchzahlen werden in Zukunft nicht nur in den meisten Bereichen des Ma-
thematikunterrichts Anwendung finden, sondern sie treten auch im
außerschulischen Alltag des Schülers immer wieder auf, z.B. als Maßzahl
oder Bruchteil von beliebigen Größen bei Einkäufen, Kochrezepten usw.
Teilt man ein Ganzes in gleich große Teile, so erhält man Brüche. Die Anzahl der Teile kann dabei beliebig gewählt werden.

Man kann Brüche in gewöhnlichen Brüchen, in Dezimalbrüchen
(0,25) oder in Prozentsätzen (25 Prozent) ausdrücken.

Gewöhnliche Brüche lassen sich auf unterschiedlichen Ebenen dar-
stellen,

- die bildliche Darstellung, z.B. als Pizza- oder Schokoladenmodell,
- auf sprachlicher Ebene, z.B. »ein Viertel, fünf Achtel« usw.,
- als mathematische Bruchschreibweise.

In mathematischer Schreibweise besteht eine Bruchzahl aus einem Zähler, einem Bruchstrich und einem Nenner. Der Nenner gibt an, in wie
viele Teile das Ganze geteilt wird und der Zähler bestimmt, wie viele dieser Teile jeweils genommen werden. Dabei muss die Größe der einzelnen
Teile übereinstimmen, die Form und die Größe des Ganzen ist irrelevant.
Der sprachliche Ausdruck eines Bruches enthält ein Zahlwort und ein
Nomen (Halbe, Drittel, Viertel, ...). Das Zahlwort entspricht dem Zähler,
das Nomen entspricht dem Nenner eines Bruches. Dieser Umstand wird
in der Methodik noch von Bedeutung sein.

Die Begriffe Zähler und Nenner werden aus Gründen des Stoffum-
fangs in dieser Stunde noch nicht eingeführt. Nur der Begriff Bruchzahl
soll in dieser Stunde Verwendung finden. Dabei besteht die Gefahr einer
unangemessenen Ausweitung bzw. Verengung des Begriffs (vgl. Zech
1996, S. 261).

Für den Schüler wird erfahrungsgemäß die bildliche Darstellungs-
form am leichtesten und anschaulichsten sein. Einige Begriffe wie Hälfte, Drittel, Viertel usw. sind heute schon im Sprachgebrauch des Schülers
vorhanden. Dabei können allerdings häufig verwendete Ausdrücke wie
die größere/kleinere Hälfte oder das Stadtviertel für Verwirrung sorgen.
Auch die Begriffsverwandtschaft zwischen Hälfte und Halbes ist zu beachten.

Für die anschließende Übungsphase und für die kommenden Stunden ist die Einstiegsphase von hoher Bedeutung. Falsche Denkansätze

und Vorstellungen, die zu Anfang gleich korrigiert werden, führen später weniger zu Fehlern.

Alle in Kap. 6 »Bestimmen« genannten Folgerungen (ohne »schulgemäß«) wurden hier beachtet.

Ziele setzen
Die Schüler sollen Brüche kennen und wissen,
- dass der Nenner eines Bruches angibt, in wie viele Stücke das Ganze geteilt wird,
- dass der Zähler angibt, wie viele Teile jeweils genommen werden,
- dass zur Bildung von Bruchteilen alle Teile des Ganzen gleich groß sein müssen.

Die Schüler sollen die drei Darstellungsarten eines Bruchteils (bildlich, sprachlich, mathematisch) kennen und in Verbindung zueinander setzen können.
Vgl. Teilthema 2: »Die Schüler erkennen, dass die Begriffe Drittel, Viertel usw. die untere und obere Zahl des Bruches bestimmen!«
(Wdh. aus »Orientierung«; Zitat aus den Richtlinien NRW:)
»Selbstbestimmtes und eigenverantwortliches Handeln sollen gefördert werden. Der Schüler soll sich seinen Interessen und seiner Leistungsfähigkeit bewusst werden und so die eigene Persönlichkeit entfalten.«

Von den in Kap. 6 »Ziele setzen« genannten handelt es sich hier um Basis-(nicht Ergänzungs-), Verhaltens-, Grob- oder Feinziele, sie sind i.d.R. auf Kognitionen bezogen.

Anordnen
Zu Beginn der Stunde wird jeder Schüler durch gemeinsames Falten eines Papierkreises aktiv in die Erarbeitung einbezogen. So kann er die Entwicklung von Hälften, Vierteln und Achteln am eigenen Objekt beobachten und nachvollziehen.
  Die Begriffe ein Halbes, ein Drittel usw. werden an der Tafel mit den entsprechenden von mir vorbereiteten Kreisausschnitten (bildliche Darstellung) und der mathematischen Bruchschreibweise versehen. Auf diese Weise werden die unterschiedlichen Darstellungsarten in Verbindung zueinander gesetzt. Der Schüler entdeckt zum einen die Beziehung zwischen den größer werdenden Nennern und den immer kleiner werdenden Kreisausschnitten, zum anderen kann ihm bewusst werden, dass die sprachlichen Drittel, Viertel usw. den Nennern der Bruchzahlen entsprechen. Die letztgenannte Einsicht führt zu Vermutungen über die Vorgehensweise beim Bilden von Brüchen (vgl. unter »Wählen«).

Als Übungsform halte ich das Stationenlernen für geeignet. Die Schüler arbeiten selbstständig, bestimmen ihr eigenes Lerntempo und den Arbeitsumfang. Die Schüler werden aus Gründen des Platzmangels ausschließlich an ihren eigenen Tischen arbeiten. Bei Problemen können der Nachbar, der Lehrer oder – soweit vorhanden – vorbereitete Hilfszettel zu Rate gezogen werden. Nach Beendigung der Stationen können die Schüler ihre Ergebnisse mit Lösungszetteln vergleichen.

Die Reihenfolge der Stationen ist vorgegeben, erst nach den positiven sollen die Gegenbeispiele betrachtet werden.

Es gibt drei Stationen (vgl. Anlage)
● Die erste Station befasst sich mit der Übertragung der bildlichen Darstellung in die beiden anderen Formen, wobei sowohl das Ablesen von abgebildeten Bruchteilen als auch das Ausmalen von unbearbeiteten Ganzen berücksichtigt wird. Dass die Form des Ganzen irrelevant ist, wird dem Schüler bewusst, wenn er Bruchteile unterschiedlicher Formen und Größen bearbeitet.
● Die zweite Station übt den Zusammenhang zwischen sprachlicher und mathematischer Darstellung. In den beiden ersten Stationen werden viele Beispiele von den Schülern bearbeitet, was eine Untergeneralisierung des Begriffes Bruchzahl verhindern soll. Um eine Übergeneralisierung zu vermeiden, bietet die
● dritte Station einige Gegenbeispiele zum Begriff. Sie steht unter dem Motto »Was ist hier schief gelaufen?« und es sollen hier einige Fehler aufgedeckt werden, z.B. falsche Aufteilung der Kreise bzw. Rechtecke, unterschiedlich große Teile. Station 3 hat einen höheren Schwierigkeitsgrad, weil Begründungen für die zu korrigierenden Fehler formuliert werden müssen. Da die Begründungsformulierung zu Aufgabe 2 der Station erfahrungsgemäß für die angesprochenen Schüler zu schwierig ist, verzichte ich auf eine Verschriftlichung und werde statt dessen nur eine Korrektur der Bruchteile verlangen. Den Versuch einer Begründungsformulierung werde ich mit den Schülern in der Abschlussphase unternehmen.

Zum Abschluss der Stunde werden einige interessante Aufgaben erneut aufgegriffen und mit Hilfe des Overheadprojektors gemeinsam besprochen, um ... noch einmal einige wichtige Aspekte der Bruchzahlen, z.B. dass alle Teile die gleiche Größe haben müssen, zu unterscheiden.

Die Stunde gliedert sich damit in drei Phasen. Zunächst werden die drei Darstellungsarten von Bruchzahlen erarbeitet, dann geübt und zum Schluss findet eine erneute Sicherung statt. Die verlängerte Einstiegsphase ist wegen der Stoffmasse und der Bedeutung dieser Phase für die Übungsphase und für spätere Stunden nötig.

Die Übungsaufgaben der Stationen sind zum großen Teil den genannten Schulbüchern ... entnommen.

Ohne die Motivationsaspekte wurden die genannten Gesichtspunkte zu Kap. 6 »Anordnen« im Text berücksichtigt.

Arrangieren (fehlt)

Durchführen (vgl. Verlaufsplanung)

Reflektieren und Archivieren (in obige Darstellung integriert.)

Anlagen

Tafelbild:

Sprachliche und mathematische Darstellung von Brüchen

	D ein Halbes $\frac{1}{2}$ D ein Drittel $\frac{1}{3}$ A ein Viertel $\frac{1}{4}$ D ein Fünftel $\frac{1}{5}$ P ein Sechstel $\frac{1}{6}$ P ein Siebtel $\frac{1}{7}$ P ein Achtel $\frac{1}{8}$	⊗ ein Sechstel $\frac{1}{6}$ ⊗ vier Sechstel $\frac{4}{6}$

Station 1

1. Trage ein wie im Beispiel:

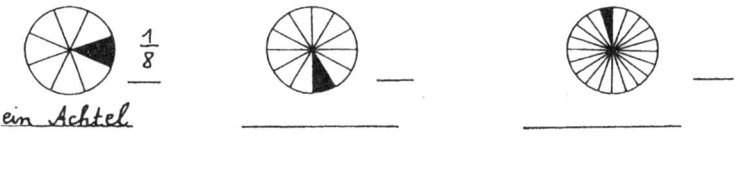

ein Achtel

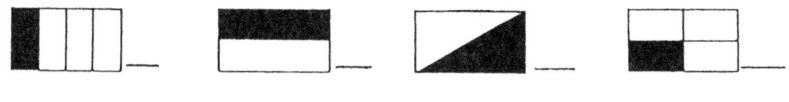

2. Trage ein:

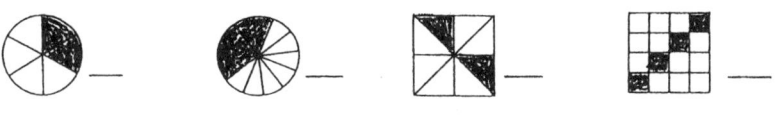

3. Male aus:

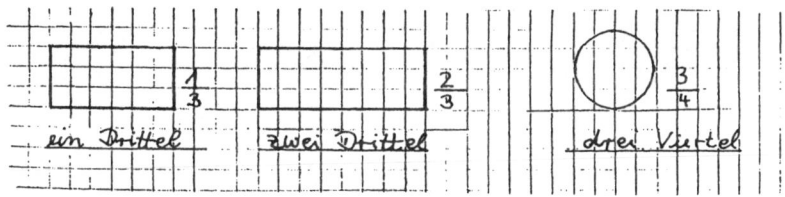

ein Drittel   zwei Drittel   drei Viertel

Hilfe 1

Teile zunächst die beiden Vierecke in drei gleich große Stücke und den Kreis in vier gleich große Teile. Male dann aus.

Lösungen Station 1

Aufgabe 1:

ein Achtel   ein Zwölftel   ein Zwanzigstel

ein Viertel   ein Halbes   ein Halbes   ein Viertel

Aufgabe 2:

zwei Sechstel   fünf Zwölftel   zwei Achtel   vier Sechzehntel

Aufgabe 3:

Station 2

1. a) Schreibe als Bruch: b) Schreibe in Worten:

   ein Halbes: $\frac{1}{3}$

   ein Fünftel: $\frac{1}{5}$

   drei Viertel: $\frac{2}{5}$

   zwei Sechstel: $\frac{6}{9}$

   sieben Achtel:

2. a) Wie viele Drittel braucht man, um ein Ganzes zu erhalten?

   ----

   b) Wie viele Sechstel braucht man, um ein Ganzes zu erhalten?

Hilfe 2
Teile das Rechteck so, dass du Drittel bzw. Sechstel erhältst und zähle
ab.

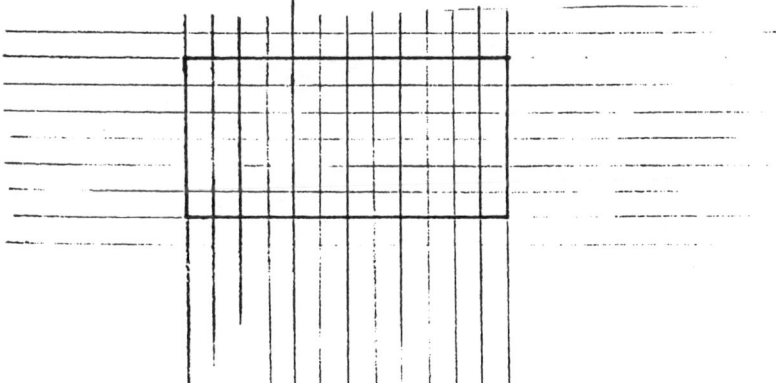

Lösungen Station 2

Aufgabe 1

a)   b)

$\frac{1}{2}$

$\frac{1}{5}$ ein Drittel

$\frac{3}{4}$ ein Fünftel

$\frac{2}{6}$ zwei Fünftel

$\frac{7}{8}$ sechs Neuntel

Aufgabe 2

a) Man braucht **drei** Drittel, um ein Ganzes zu erhalten.

b) Man braucht **sechs** Sechstel, um ein Ganzes zu erhalten.

Station 3

Was ist hier falsch? Erkläre!

1. a)

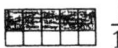 $\frac{5}{10}$ _____

b)

 $\frac{2}{5}$ _____

c)

 $\frac{3}{5}$ _____

d)

 _____

2. Wo ist der Fehler? Verbessere!

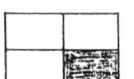 $\frac{1}{4}$

 $\frac{1}{4}$

3. Florian und Sandra teilen sich einen Kuchen.
   Da sagt Florian: »Ich will aber die größere Hälfte bekommen.«

   Was ist hier falsch?

Lösungen Station 3

Aufgabe 1

a) Das Rechteck ist zwar in zehn Teile geteilt, aber die Teile sind nicht alle gleich groß.
b) Von diesem Rechteck sind die Ecken abgeschnitten, sodass die Teile nicht mehr gleich groß sind.
c) Die untere Zahl des Bruches ist falsch. Das Quadrat ist in acht Teile geteilt, nicht in fünf Teile.
d) Diese Fläche kann man nicht teilen wie ein Rechteck. Sie muss wie in Tortenstücke geteilt werden.

Aufgabe 2

Die erste Bruchzahl ist richtig, aber bei dem unteren Rechteck müsste 1/2 stehen.

Aufgabe 3

Wenn ich ein Ganzes in zwei Hälften teile, sind die Hälften gleich groß. Es kann also keine kleinere oder größere Hälfte geben.

Verlaufsplanung B (vgl. Kap. 6.3; 1.–8.)

Text: Der Fund (von Leo Tolstoi)

Ein alter und ein junger Mann gingen auf der Landstraße; da sahen sie auf einmal einen vollen Geldbeutel vor sich liegen. Der junge Mann hebt ihn auf und sagte: »Sieh einmal, was Gott mir für einen Fund geschenkt hat.« Der Alte aber sagte: »Halt, du meinst doch uns beiden!« »Nein«, entgegnete der Junge, »wir haben ihn nicht zusammen gefunden. Denn ich habe ihn aufgehoben.« Der Alte sagte nichts mehr.

Wie die beiden so noch ein Stückchen Weges dahergingen, hörten sie auf einmal die Wache hinter ihnen hersprengen und schreien: »Wer stahl den Beutel mit Geld?« Den Jungen überkam die Furcht, und er sagte: »Wer hätte gedacht, Großväterchen, dass aus unserem Fund solch eine Not entstehen würde.« Doch der Alte sagte: »Dein Fund, aber nicht unser Fund, deine Not, aber nicht unsre.«

Da ergriffen sie den jungen Menschen und führten ihn in die Stadt vor den Richter; der Alte aber ging nach Hause.

Der geplanten Stunde sind Vorschläge einer Beteiligung der Schüler an der Unterrichtsplanung (kursiv) beigefügt!

Idee

- Vorgegeben ist eine Literaturstunde, 5. Schuljahr, Hauptschule.
- *Inhalt:* Aufgreifen der Wertediskussion anhand einer literarischen Vorlage.
- *Intention/Methode:* Schüler (weniger erfolgreiche) *wollen* meist geführt werden. Das Ziel des Lernens muss aber Selbstständigkeit und Selbstlernkompetenz bleiben! Beides in Einklang bringen!

Orientieren

- *Unterrichtsvoraussetzungen:* Über die Schüler weiß der Unterrichtende nichts, weil es sich um einen Unterricht in einer fremden Klasse zu Demonstrationszwecken handelt. Das Vorgehen wird deshalb normiert, im Allgemeinen beginnen und dann versuchen, auf Spezifisches zu reagieren.
- *Aufgaben der Stunde:* Diese Stunde ist nicht eingebunden in den »normalen« Lehrplangang.

Ideen für eine mögliche Schülerbeteiligung: Beteiligt können Schüler an der Themenauswahl werden. Die Aufgabe der Lehrperson bestünde darin, mehrere Texte an die Schüler zu geben, um danach über einen zu behandelnden

Text abstimmen zu lassen. Der Vorteil wäre: Inhalt, Thema und Sprache wären sicher »näher« beim Schüler!

Abstimmen
Intention und Methode sind mit der Lehrerin abgestimmt.

Eine Schülerbeteiligung wäre sowohl hinsichtlich des zu bearbeitenden Textes wie der zu bevorzugenden Methode möglich.

Bestimmen
- *Inhaltsanalyse:* In Tolstois »Der Fund« geht es um die Fairness zwischen zwei Findern (wem gehört der Fund?), wobei die Moral der Geschichte den Unfairen unter Mithilfe des unfair Behandelten bestraft. Es wird aber mit Wahrscheinlichkeit von den Schülern auch das »gemeine«, rachsüchtige Verhalten des Alten angesprochen werden. Jugendliche verlangen wohl, dass man ihre Torheiten nicht zu sehr »bestraft«. Es wird von Wichtigkeit sein, dies zwar zu attestieren, jedoch damit das Fehlverhalten des »Jungen« nicht zu verschleiern. Lehre: Fairness sorgt auch dafür, dass andere nicht zu gnadenlos reagieren.
- *Auswahl/Legitimation:* Es ist eine kurze Geschichte, die komplett verwendet wird. Sie behandelt eine moralische Frage, deren Erörterung die Ethik der Schüler bereichern kann.
- *Methoden/Medien:* Ein solches Thema und Gegenstand fordern: (1) Die Geschichte vorzutragen, (2) sie von jedem Schüler aufnehmen zu lassen (lesen!), (3) ein Gespräch/Diskussion über (a) Inhalt und (b) »Lehre« zu führen und (4) Verständnis dafür und (5) Transfer ins Leben der Schüler anzubahnen.
- *Lernort einrichten:* Sowohl eine frontale (Vortrag), eine individuelle (Lesen) wie eine Form zu Gespräch und Diskussion erscheinen notwendig. Die Gespräche können eventuell durch Partner- oder Gruppenarbeit vorbereitet werden.
- *Didaktische Prinzipien:*
  - *Schülergemäß* durch eine dem Alter und Alltag angemessene Frage (Fairness, Ehrlichkeit, Gerechtigkeit).
  - *Elementarisiert* durch den Versuch, das Grundsätzliche als »Lehre« für die Schüler zu erarbeiten.
  - *Exemplarisch* durch mehr Beispielhaftes als Grundsätzliches, durch selbstständiges Vorgehen.
  - *Schulgemäß* durch Präparation des Textes und Gestaltung der Lernsituation.
  - *Lernüberprüfung* durch Prüfung des Verständnisses und des Transfers.

– *Lernfestigung:* Hier nicht bewirkt – muss späterer Beobachtung vorbehalten bleiben.
- *Modi:*
  – *Aktivität und Handeln* werden den Schülern im Rahmen der Stunde zugestanden.
  – *Rhythmisierung* der Stunde ist gegeben: Entspannung beim Zuhören, Anspannung beim Lesen und (z.T.) Übertragen.
  – *Lernmotivation* wird durch die die Schüler betreffende Fragestellung (Fairness, Ehrlichkeit, Gerechtigkeit) erhofft.
  – *Selbstständigkeit und Leistung* der Schüler wird ermöglicht durch deren eigene Beiträge.
  – *Kooperation* sollte durch das Gespräch über die Geschichte und eine vorgeschaltete Erarbeitungsphase unter Paaren oder in Gruppen erfolgen.

Wegen der spezifischen Situation wird die Eigenentscheidung der Schüler hinsichtlich der Inhalte und Methoden des Unterrichts hier nicht berücksichtigt. Sie wäre aber, wie unter »Idee« und »Orientieren« angedeutet, durchaus möglich.

Ziele setzen

Ziele zu setzen ist Aufgabe des Unterrichtenden. Eine Schülerbeteiligung ist im Vorfeld (s.o.) möglich, aber nicht im Vorgang selbst.
- *Inhaltliche Ziele als Basisziel:* Dem Sinne nach gibt es Verhaltensregeln der Fairness, Ehrlichkeit und Gerechtigkeit.
- *Verhaltensziel:* Durch individuelles Nachdenken oder auch in Gruppen wird die Selbstlernkompetenz der Schüler gefördert; vom Erfolg hängt es ab, ob Selbstwertgefühl und Verantwortlichkeit der Schüler weitergebracht werden können – die Form der Gesprächsführung durch den Lehrer wird hierauf eingehen müssen.
- *Richtziel:* Die moralisch-ethische Kompetenz der Schüler soll durch Kategorien gestärkt werden – überprüfen anhand von Verhalten und Argumentationen.
- *Grobziel:* Die Schüler werden auf die (ihnen nicht unbekannten) moralischen Kategorien Fairness, Ehrlichkeit und Gerechtigkeit hingewiesen.
- *Feinziele und Zielstrategie:*
  – Die Schüler sind in der Lage, die Begriffe Fairness, Ehrlichkeit und Gerechtigkeit mit Hilfe der Geschichte darzustellen (kogn.).
  – Sie finden weitere Beispiele für diese Begriffe (kogn.).
  – Sie nennen Orte in ihrem Leben (Situationen), wo diese Begriffe eine Rolle spielen (könnten) (kogn./affekt.).

Anordnen

Planungsaufgabe der Lehrenden (Schülerbeteiligung nur im Vorfeld!)

- *Teilaspekte:*
  - Gliederung der Geschichte (nicht unbedingt genauso von den Schülern nachzuvollziehen, aber es handelt sich um unerlässliche inhaltliche Elemente, die zum Verständnis der Geschichte [mindestens intuitiv] nachvollzogen werden müssen): Der Fund – Der Konflikt – Der Verzicht (des Alten) – Die Anschuldigung – Das Hilfsersuchen – Die »Rache« oder »Lehre« – Die »Bestrafung« (übrigens ist keineswegs sicher, dass der Junge tatsächlich bestraft wird; vielleicht kann er den Richter von seiner Unschuld – allerdings nicht gegenüber dem Alten, aber das ist ja auch nicht justiziabel – überzeugen!).
  - Die Bewertung der Geschichte durch die Schüler (Feinziel 1, 2).
  - Die Übertragung der Lehre in den Alltag der Schüler (Feinziel 3).
- *Differenzierungen:* Keine dezidierte Differenzierung der Aufgaben, weil ich die Schüler nicht kenne; auch, weil Literaturunterricht durch die Unterschiedlichkeit der Beiträge selbstdifferenzierend ist.
- *Motivationen:* Von der Geschichte, die zunächst nicht gewohnt ist, erhoffe ich mir durch ihre moralisch-ethische Fragestellung eine Motivierung der Schüler; dto. durch die hergestellte Beziehung zum eigenen Leben.
- *Aktivitätsverteilung:* Außer einer eingangs vom Lehrer gebotenen kurzen Lesung und einer versuchten behutsamen Gesprächsleitung sollten vornehmlich die Schüler aktiv sein.
- *Sozialformen:* Großgruppe, Kleingruppe, Gesprächskreis.
- *Anwendung:* Nicht zu prüfen!
- *Lernkontrollen:* Durch gegebene Antworten der Schüler nach Gruppenarbeit und im Gespräch.
- *Übungsphasen:* Nicht vorgesehen!

Arrangieren

Aufgabe der Lehrenden! Abzüge der Geschichte sind vorhanden; Arbeitsanweisungen werden in der Verlaufsplanung formuliert; Sitzordnungen werden entsprechend den Sozialformen in der Doppelstunde verändert; die Tafel ist frei für die Ergebnisse gemäß den Teilzielen (1–3).

Durchführen (Verlaufsplanung)

- *Umstände:* Hauptschule, 5. Klasse, Doppelstunde ab 11.45 Uhr; Thema: Literaturunterricht.
- *Ziele* (s. Feinziele oben!)

● *Teilthemen:* Methoden: Ergänzungen:
1. Vorlesen der Geschichte:
   - »Der Fund« Lehrervortrag
   - Großgruppe
   - Inhaltliche Grundlegung
2. Individuelles Lesen der Geschichte
   - Individuelle Aufgabe
   - Jeder liest bitte diese Geschichte einmal selbst.
   - Schüleraktivität
   - Einzelarbeit
   - Vertiefte Texterfassung
3. Nacherzählen der Geschichte in Partnerarbeit
   - Was sagt der Alte, was sagt der Junge, was sagt die Wache?
   - Achtet bitte auf die Reihenfolge!
   - Schüleraktivität
   - Partnerarbeit Verständniskontrolle der Schüler
   - Vertiefte Texterfassung
4. Spielen der Geschichte vor der Klasse!
   - Wer ist der Alte? Wer ist der Junge? Wer sind die Wächter?
   - Schüleraktivität Verständniskontrolle durch Lehrer
   - Einzelarbeit/Großgruppe
   - Vertiefte Texterfassung
   Folgende Aspekte sollte das Spiel enthalten:
   - Der Fund
   - Der Konflikt
   - Der Verzicht (des Alten)
   - Die Anschuldigung
   - Das Hilfsersuchen
   - Die »Rache« oder »Lehre«
   - Die Bestrafung
5. Wir diskutieren mit Partnern/oder Gruppenmitgliedern
   - Paare oder Gruppen arbeiten zusammen
   - Tafel (Aufgaben) anschreiben:
   - Überlegt bitte in eurer Gruppe und macht euch Notizen!
   - Wer hat Recht und warum – Alter oder Junger!
   - Welche Anklage erhebt der Staatsanwalt?
   - Wie verteidigt sich der Junge?
   - Was sagt der Richter?
6. Wir spielen vor der Klasse »Gericht«
   Rollenspiel mit verschiedenen Spielern und anschließender Diskussion

7. Gesprächskreis
   - Sammeln der Ergebnisse zu Fragen unter 5
   - Wie sollten sich denn der Alte und der Junge verhalten?
   - Die Begriffe »Fairness«, »Ehrlichkeit« und »Gerechtigkeit« werden während des Gespräches oder als Impuls an die Tafel geschrieben
   - Weitgehend geleitete Schüleraktivität im Gespräch = Motivierung durch Identifikation
   - Lösungen der Gruppenaufgabe
   - Möglichkeit zur Kontrolle und Korrektur des Lehrers
   - Tafelanschrift (s.o.)
   - Erarbeitung

   Unter 7. zu erreichende Ziele: Die Schüler sind in der Lage, die Begriffe »Fairness«, »Ehrlichkeit« und »Gerechtigkeit« mit Hilfe der Geschichte darzustellen (kogn.).

8. Wir diskutieren mit Partnern und Gruppenmitgliedern (wie 5). = Motivation durch persönliche Ansprache
   - »Habt ihr Fairness, Ehrlichkeit und Gerechtigkeit schon einmal selbst erlebt oder selbst angewendet?« (Beispiele aus dem eigenen Leben!)
   - Phase: Verstehen

   Unter 8. zu erreichende Ziele: Die Schüler finden weitere Beispiele für Fairness, Ehrlichkeit und Gerechtigkeit.

9. Transfer Großgruppe
   - »Bitte berichtet, wo ihr Fairness, Ehrlichkeit und Gerechtigkeit selbst erlebt oder angewendet habt?«
   - »Wo sollten wir selbst fair, ehrlich und gerecht sein? Nennt bitte Beispiele!«
   - Klassengespräch = Antworten bieten Möglichkeiten zu Kontrolle und Korrektur
   - Verstehen

   Unter 9. zu erreichende Ziele: Sie nennen Orte in ihrem Leben (Situationen), wo diese Begriffe eine Rolle spielen [könnten] (kognitiv, affektiv). Schritt 9 kann sehr kurz gehalten werden (vgl. den folgenden Punkt »Hausaufgabe«).

Hausaufgabe:
10. Die Schüler texten:
    - »Jeder schreibt bitte seine eigene erlebte Geschichte entweder zu Fairness oder zu Ehrlichkeit oder zu Gerechtigkeit.«
    - Einzelarbeit; Motivation: Bezug zum eigenen Leben
    - Kontrolle des Verständnisses und Anwendung – Möglichkeit der Korrektur

11. Die Schüler lesen (in der nächsten Stunde) ihre Geschichte vor:
    – Schülervortrag
    – Anwendung
12. Klasse bewertet die Lösungen

Im Anschluss an die gehaltene Stunde ist diese vom Unterrichtenden zu reflektieren, die Feststellungen sind zu dokumentieren!

Dieser Unterricht könnte weitergeführt werden, indem die Schüler mit Hilfe (Mitschüler/Lehrer) ihre eigenen Geschichten inhaltlich und stilistisch verbessern!

Literatur zur Stundenvorbereitung

Schulbücher
Mathematik heute 6, Realschule. (1987) Hannover.
Querschnitt Mathematik 6. (1993) Braunschweig.
Schnittpunkt 6, Mathematik für Realschulen. (1993) Stuttgart.

Ergänzende Literatur
Kultusminister NRW (Hrsg.) (1993): Richtlinien und Lehrpläne Mathematik Realschule und Deutsch, Hauptschule. Frechen.
Zech, F. ([9]1998): Grundkurs Mathematikdidaktik – Theoretische und praktische Anleitung für das Lehren und Lernen von Mathematik. Weinheim und Basel.

8. Lehr-/Lernanalyse

Unterricht zu analysieren kann mehrere Ziele haben:

● Selbstevaluation zur Verbesserung eigenen Unterrichts (vgl. Kap. 6 »Orientieren«, »Reflektieren«);
● Fremdevaluation zum Zwecke der Ausbildung von Referendaren und Praktikanten sowie als Grundlage eines Prüfverfahrens (Besichtigungsstunden, Zweite Staatsprüfung, Anstellungsprüfung);
● Fremdevaluation aus wissenschaftlichen Absichten (Erhebung bestimmter Unterrichtsgegebenheiten).

Die Gegenstände der Beobachtung oder Beurteilung sind dieselben, es sind diejenigen Punkte, die im Verlaufe unserer Darstellung genannt wurden und die unter dem Aspekt einer *schülerorientierten Didaktik* ihre Bedeutung erhalten. Grundlegend ist die Unterscheidung zwischen

● Unterrichtsplanung, als Anregung einer Handlung und
● Unterrichtshandlung, als ein angeregtes, doch nicht gänzlich zu kontrollierendes Geschehen. Beides muss bei jeder Analyse, insbesondere einer bewertenden, getrennt betrachtet werden.

Hinsichtlich einer Bewertung jedes Punktes haben wir uns einer generellen Vorgabe enthalten. Wenngleich wir die Meinung vertreten, dass nicht alle genannten Gesichtspunkt von gleichem Rang sind – ein falsch gewähltes Medium erscheint uns weniger gravierend als die Vernachlässigung des Individuums durch fehlende Differenzierung! – so hängt die spezielle Wertigkeit doch stets mit den besonderen Inhalten und Zielen sowie der Situation des Unterrichts zusammen. Jeder Bewertende muss also seine eigene Einschätzung bedenken, offen legen, diskutieren und erproben.

Die folgende Taxonomie gibt keinen Hinweis auf die *Methoden* der Analyse; wir empfehlen Literatur zu Forschungsmethoden.

In diesem Sinne sind die Leerfelder ☐ – wenn auch hin und wieder Anregungen gegeben werden – offen für die von den Analysten einzusetzenden Kürzel, entsprechend der von ihnen zu bestimmenden Kategorien der jeweils aufgezeigten Bereiche.

ORIENTIERUNG für den Unterricht

Planung

- Lernvoraussetzungen von Schülern (vgl. Kap. 3.7; 6.2.1; 6.3) ☐
- Klassensituation ☐
- Lehrer/innen ☐
- Eltern ☐
- Schulische und curriculare Bedingungen* ☐
- Schulische Organisation* ☐

INHALTE des Unterrichts

Planung und Durchführung

- Nähe zur Lebensrealität der Schüler
  (historisch-gesellschaftlich/naturwissenschaftlich/
  technisch-persönlich) ☐ ☐
- Nähe zu den Bedürfnissen der Schüler ☐ ☐

ZIELE des Unterrichts

Sachanalyse des Unterrichtsinhaltes Planung

- Formulierung klar als Inhalts- und/oder Verhaltensziel** ☐
- als Richt-, Grob- oder Feinziel** ☐
- als kognitives, psychomotorisches oder affektives Ziel** ☐

Durchführung

- Schülerinteressen (Motivation) getroffen oder geweckt ☐
- Ganzheit der Schüler (Geist, Körper, Gefühle) angesprochen ☐

GESTALTUNG des Unterrichts

Planung und Durchführung

Lernort herrichten

- Medial (Tafel, Bücher, Materialien, Sacherfahrungen
  möglich?) ☐ ☐
- Lokal (Alleinarbeit/Kooperation und Sozialerfahrungen. Wenn sinnvoll: auch möglich?) ☐ ☐

* Gelungen/misslungen/neue Ideen.
** Entfällt als Planung bei schülerselbstbestimmten Unterricht.

- Sozial (Beteiligung der Schüler an Schulleben und
  Unterricht vorgesehen, Einübung und Berücksich-
  tigung von Umgangsregeln und -formen; soziale
  Erfahrungen möglich?) ☐ ☐

Didaktische Prinzipien bei Inhaltstransformation berücksichtigt?

- Sachgemäßheit ☐ ☐
- Zielgemäßheit ☐ ☐
- Schülergemäßheit* durch
  - Motivierung (u.a. durch positive Emotionen,
    z.B. Neugier) ☐ ☐
  - Differenzierung ☐ ☐
  - Aktivierung ☐ ☐
- Elementarisierung* durch
  - Vereinfachung ☐ ☐
  - Strukturierung ☐ ☐
  - Veranschaulichung ☐ ☐
- Exemplarizität* ☐ ☐
- Schulgemäßheit* ☐ ☐
- Überprüfung (SOLL-IST-Wert Analyse) ☐ ☐
- Festigung (durch Wiederholung und Übung) ☐ ☐

*Lernmodi (einer schülerorientierten Didaktik) methodisch-medial
berücksichtigt?**

- Aktivität und Handeln der Schüler,
  mittels forschen, suchen, sammeln etc. ☐ ☐
- Rhythmen des schulischen Arbeitens ☐ ☐
- Anregung durch taktile, optische, akustische,
  kognitive Reize und Aufgabenstellung gegeben? ☐ ☐
- Selbstständigkeit, eigene Schülerwege;
  Lehrereingriffe nur, wenn unerlässlich ☐ ☐
- Kooperation durch Diskursivität zwischen und
  unter Lehrer/innen und Schülern ☐ ☐

---

*   Bei schülerselbstbestimmten Unterricht nur als Kriterium für die
     Ergebnisbeurteilung des Lernprozesses von Bedeutung.

Durchführung

Schülerverhalten

● Schüler (Leistung, Arbeitsverhalten, Schwierigkeiten,
  Sozialverhalten, Auffälligkeiten, Beteiligung) ☐
● Schülerverständnis ☐
● Konnten die Schüler nachdenken über Inhalte
  und Methoden? ☐

Planung

Lehrer/innenverhalten*

● Methoden- und Medieneinsatz (begründet)
  insbesondere
  – Interaktionsplanung ☐
  – Aufbau der Stunde ☐
  – Motivationsplanung ☐
  – Interdependenz ☐
  – Variabilität ☐
  – Flexibilität ☐
  Bei schülerselbstbestimmtem Unterricht
  – Helfen ☐
  – Fördern ☐

Durchführung

● Auftreten (natürlich, gehemmt ruhig,
  [un-]konzentriert, [un-]gerecht, streng, locker) ☐
● Sprache (Fach- und Schülerangemessen) ☐
● Sprechen (Technik, Stärke, Modulation) ☐
● Kontakt (emotional, sachlich, abweisend, zugewandt,
  spontan, differenziert) ☐
● Thema (Sachkenntnis, Souveränität) ☐
● Erziehungsverhalten (Erziehungsmittel, Grund-
  einstellung: streng, freundlich, zugewandt, abweisend,
  Auftreten) ☐
● An Schülerförderung orientiert (individuelles, soziales
  Lernen, Rücksicht auf Schülerbedürfnisse) ☐
● Flexibilität des Verhaltens (Reaktionen auf Störungen,
  Unverständnis, Unwissen, Abweichung) ☐
● Lernatmosphäre ☐

* Bei einem schülerselbstbestimmten Unterricht konzentriert sich die
   Analyse des Lehrerverhaltens nicht auf planerische Aspekte, sondern
   darauf, inwieweit Lehrer bei der Durchführung die Funktionen des
   Helfens und Förderns wahrgenommen haben.

ABSICHTEN des Unterrichts*

Grundintentionen (gemäß schülerorientiertem Unterricht)   Planung

- Basiswissen geboten? ☐
- Basisqualifikationen (Verhaltensnormen) angestrebt? ☐
- Spezialwissen (differenzierte Alternativen) angeboten? ☐
- Angemessene, differente Lernstränge möglich? ☐
- Welt kritisch (d.h. ambivalent, in Grenzen »komplex«, nicht »heil« und sicher) angeboten? ☐
- Selbstverantwortete Entscheidungen ermöglicht? ☐
- Bildung, d.h. Wissen samt Ethik angeregt? ☐
- Erziehung durch soziale Regeln, Anregungen, Normen und Werte angestrebt? ☐

ERTRAG des Unterrichts

Schüler   nach Durchführung

- Erfolge (aus subjektiver Sicht) für alle Schüler möglich? ☐
- Erfahrungen gesammelt? ☐
- Wissen geordnet? ☐
- Kritische Weltsicht (prüfendes, abwägendes Verhalten) initiiert? ☐
- Selbstlernen initiiert? (Ziele, Themen, Methoden) ☐
- Soziale Kontakte (nicht nur Lernkontakte) möglich? ☐
- Eigenaktivität und Leistungsbereitschaft erreicht? ☐
- Basiswissen erreicht? (Leistung erbracht) ☐
- Basisqualifikation erreicht? (Wissens-/Könnensstandards) ☐
- Erwerb von Spezialwissen gesichert? (eigene Leistung erbracht!) ☐
- Selbstverantwortete Entscheidungen getroffen? ☐
- Neugier geweckt? ☐
- Freiwillig weitergelernt? (differentes Expertentum?) ☐
- Dazu Reflexionen angeregt? ☐
- Bildung, d.h. Wissen samt Ethik erreicht? ☐
- Lernen im Sozialverband möglich? ☐
- dto. »Erfolge« (Erziehung) sichtbar: Regeln eingehalten ☐
- dto. Zusammenarbeit vorhanden ☐
- dto. Helfen vorhanden ☐

---

* Entfallen bei einem schülerselbstbestimmten Unterricht als planerische Größen.

Lehrer

nach Durchführung

- Soll-Ist-Analyse durchgeführt ☐
- Variabilität und ☐
- Flexibilität gezeigt? ☐
- Weitere Lernnotwendigkeiten gesehen? ☐
- Defizite erkannt? ☐
- Informationsstand über Schüler, Umfeld etc. ☐

ERFOLG des Unterrichts

nach Durchführung

- Selbstlernkompetenz zus. mit Förderung des Lernens ☐
- Selbstwertgefühl, zusammen mit Förderung des
  Individuums (Differenzierung) ☐
- Verantwortungsbewusstsein, zusammen mit Förderung
  des Sozialverhaltens (Gemeinschaft) ☐

Ertrag und Erfolg des Unterrichts sind insbesondere im schülerselbstbestimmten Unterricht durch den (die) Lehrer(in) zur eigenen Vergewisserung zu analysieren. Wie jeder Unterricht ist schülerorientierter Unterricht dem Erfolg hinsichtlich der Förderung des Lernens, des Individuums und des Sozialverhaltens verpflichtet.

Bitte lassen Sie einen Hospitanten Ihren Unterricht anhand der genannten Kriterien analysieren; treten Sie in eine Diskussion über die aufgezeigten Qualitäten oder/und Defizite ein und versuchen sie gegebenenfalls verbesserte Strategien zu entwerfen! (Berücksichtigen Sie aber, dass Außenstehende oft zu milde kritisieren!)

Leseempfehlungen

Unterrichtsanalyse
Kroner/Schauer (1997), S. 209–219.
von Martial, I./Bennack, J. ([7]2002): Einführung in schulpraktische Studien – Vorbereitung auf Schule und Unterricht. Baltmannsweiler. S. 235–253.

9. Schlusswort

Schule als
Lern- und
Begegnungsort

Ein zeitgemäßer Unterricht verlangt

● Veränderungen der Schule.

Sie wird weniger als »Lehranstalt«, sondern als Begegnungsort von Kindern und Jugendlichen mit ihresgleichen und mit Erwachsenen begriffen. An diesem Ort werden einerseits (wie bisher) gesicherte Grundlagen des Wissens und Verhaltens vermittelt. Andererseits jedoch soll die Schule eine Stätte des gemeinsamen Suchens, Fragens, Forschens und Experimentierens sein.

Schulkultur

Jede Schule entwickelt unter Beteiligung aller eine eigene Schulkultur. Diese beinhaltet neben Arbeits- und Umgangsformen sowie Konfliktregelungen ein anregungsreiches Schulleben; u.a. folgendes:

– »Regelmäßige und zu fördernde Schulereignisse (z.B. Aufnahmen, Entlassungen, Feiern).
– Zu fördernde Veranstaltungen und Aktivitäten (z.B. Schülerzeitung, Videothek, Theateraufführungen, Exkursionen, Fahrten und Wanderungen, besondere Anlagen [z.B. Schulgarten, meteorologische Station, Schulhofgestaltung], Außenbeziehungen [z.B. Partnerschaften, Mitgliedschaften]).
– Ausstattung (Räume für Klassen, Gruppen, Förderung, Arbeitsgebiete, Besprechung, Freizeit) und deren Gestaltung, (Geräte, Materialien, Medien).
– Zeitplanung (Stundenverteilung unter Berücksichtigung zeitlicher Freiräume für freie und handlungsorientierte Arbeit [u.a. Projekte]).
– Ausbildungsangebote (Praktikanten, Lehramtsanwärter).
– Fort- und Weiterbildung (Sicherung einer gerechten Verteilung der Teilnahme der Lehrer/innen an entsprechenden Angeboten, innerschulische pädagogische Konferenzen).
– Eruierung und Schaffung von innerschulischen Unterstützungsmöglichkeiten (u.a. Sonder- [vor allem bei Integrationsunterricht] und Sozialpädagogen [u.U. gemeinsam mit Nachbarschulen] als Mitglieder des Kollegiums; Beratungsangebot schaffen [Medien, Drogen, Beratung]) Standortplan erstellen!).

- Eruierung, Aktivierung und Einbindung des außerschulischen Beratungs- und Kontaktangebots: 1. und 2. Lehrerausbildungsphase, Kommunen, Betriebe etc.; Erziehungsberatung, Jugendamt, Medizinischer Sektor, Polizei, Justiz, Arbeitsamt, Sportvereine, Museen, Kirchen und sonstigen Hilfen (Standortplan erstellen!).
- Elternbeteiligung überhaupt sowie Nutzen der Kompetenzen vieler Eltern (Berufe) (Vorschläge entnommen aus: Bennack 1999, S. 137).

Ein zeitgemäßer Unterricht verlangt

- eine neue Einstellung der Lehrer.

Schülerförderung als Hauptziel des Unterrichts

Leitgedanke der Schule ist das Wohl der Schüler. Dem Wohl der Schüler dient es, wenn sie als Individuum in ihrem Sozial- und Lernverhalten gefördert werden.

Die Schüler werden als zu fördernde Dialogpartner begriffen und in die Gestaltung von Schule und Unterricht einbezogen.

Die Schüler sollen Freiräume (Ort/Zeit) zu selbstständigem Forschen und Fragen erhalten.

Voraussetzung dieses Freiraumes ist die Sicherung eines definierten Basiswissens und der Selbstlernkompetenz der Schüler.

Lehrer werden sich in einer schülerorientierten Didaktik um das Basiswissen eines jeden Schülers bemühen müssen; darüber hinaus werden sie Anreger und Helfer jedes Schülers beim Entdecken und Erschließen neuer Lernfelder sein.

Lehrer erfüllen die Anforderungen einer schülerorientierten Didaktik nur dann, wenn sie dazu bereit sind. Ohne dies werden Informationen, Fort- sowie Weiterbildung und Training (Klippert 1998, S. 21) – das in die Nähe einer Dressur geraten kann – kaum Wirkung haben.

Zur Förderung der Bereitschaft dürfte die Tatsache beitragen, dass eine entsprechende Neuorientierung des Unterrichts für eine befriedigende Arbeitssituation der Lehrenden sorgen kann.

Lehrer müssen sich vom Glauben an einsetzbare Tricks und Techniken verabschieden! Nur die Einsicht, eine schülerorientierte Didaktik auch mit Aufwand einführen zu sollen, kann sie selbst und die Schüler voranbringen! Dazu gehört, dass sie ein Lehrer-Leitbild entwickeln, das sich immer neu um Kompetenzen bemüht und jede »selfmade-Didaktik und -Methodik« (unverstandene Ausbildungsreste, unkritische Übernahme von Ratschlägen) durch reflektierte Informationen, Hospitationen, kollegialen Austausch und gezielte Weiterbildung zum Gewinn inhaltlich-didaktischer und methodischer Kompetenzen ersetzt. Als Gesprächsbasis wären unsere Analysepunkte (vgl. Kap. 8; vgl. Bennack 1998, S. 7–9) geeignet.

Ein zeitgemäßer Unterricht bedingt

- Veränderungen in der Lehreraus- und -weiterbildung.

Eine »Handlungswissenschaft vom Unterrichten« (Koch-Priewe 2000) verfolgt diese Absichten. Sie geht auf konkrete Ergebnisse der Lehr-/Lern-, wie auch der Jugendforschung (vgl. u.a. Shell-Studien) ein, sie liefert u.a. Planungsanregungen und -muster (Checklisten, Schritte ...) und Informationen über methodischen Einsatz in Relation zu Bedingungen und Zielen des Unterrichts.

Eine so angelegte Aus- und Weiterbildung verhilft Lehrern zu größerer Souveränität in der Berufsausübung, gegenüber den Kollegen, der Schulaufsicht und -leitung, den Eltern und nicht zuletzt gegenüber den Schülern. Schüler wünschen bei Lehrern Kompetenzen und »Statur« an Stelle von Unsicherheit und Unberechenbarkeit.

Als Form der Ausbildung in Hochschule, Studienseminar oder Weiterbildung ist – wegen der Akzeptanz – nur eine diskursive und eine, die Erfahrungen der Lernenden (Schülererfahrungen der Studierenden, Lehrerfahrungen der Referendare und solche der Lehrer/innen) aufgreifende, wie auch eine praktisch in Schulversuchen und -experimenten durchgeführte Form denkbar.

Eine neue Lehrerausbildung wird sich also orientieren an

- schülerorientierter Didaktik (aufgelistet in den Punkten unserer Lehr-/Lernanalyse), und an erweiterten Formen, wie
- Hospitation, Diskurs, (wissenschaftlicher) Information, um einer »selfmade-Didaktik« zu entgehen, sowie an erfolgreichen Methoden, wie
- Bearbeitung von Fällen,
- der Teambesprechung, um über Diskurse sowohl der Befangenheit wie auch der Einsamkeit durch Subjektivität zu entgehen.

 Leseempfehlungen

Bennack, J. (1998): Moderation. PÄD Forum 1/1998.

Carle, U. (2000): Was bewegt die Schule? Baltmannsweiler.

Koch-Priewe, B. (2000): Zur Aktualität und Relevanz der Allgemeinen Didaktik in der Lehrer/Innenausbildung. Bad Heilbrunn .

10. Literaturverzeichnis

Adler, A. (1966): Menschenkenntnis. (Original 1927) Frankfurt a.M.

Adler, A. (1976): Kindererziehung. (Original 1930) Frankfurt a.M.

Adler, A. (1978a): Individualpsychologie in der Schule. (Original 1929) Frankfurt a.M.

Adler, A. (1978b): Lebenskenntnis. (Original 1929) Frankfurt a.M.

Apel, H.J. (o.J.): Zur Gestaltung von Selbstlernmitteln. Herausgegeben von der Bundesarbeitsgemeinschaft der Mittel- und Großbetriebe des Einzelhandels e.V. Köln.

Apel, H.J./Knoll, M. (2001): Aus Projekten lernen – Grundlegung und Anregungen. München.

Assmann, A. (1999): Erinnerungsräume. Formen und Wandlungen des kulturellen Gedächtnisses. München.

Bannach, M. (2002): Selbstbestimmtes Lernen – Freie Arbeit an selbst gewählten Themen. Hohengehren.

Barsig, W./Berkmüller, H. ([7]1977): Die Unterrichtsvorbereitung für die Schule von heute. Donauwörth.

Bender, B./Fleischer, T./Mersmann, B. (Hrsg.) (1999): Person und Beziehung in Schule und Unterricht. Köln.

Bennack, J. (1994): Bildungsidee und Schulkonzept – Annäherung durch Wandel. In: Seibert, N./Serve, H.J. (Hrsg.): Bildung und Erziehung an der Schwelle zum dritten Jahrtausend. München, S. 886–905.

Bennack, J. (1996): Der Erwerb pädagogischer Handlungskompetenz. In: Bildung und Erziehung 49, 2, S. 233–244.

Bennack, J. (1998): Moderation. PÄD Forum 1/1998.

Bennack, J. (1999): Schulproblem: Erziehung – Grundlagen, Beispiele, Lösungen. Neuwied.

Bildungskommission NRW (1995): Zukunft der Bildung, Schule der Zukunft. Denkschrift der Kommission »Zukunft der Bildung – Schule der Zukunft« beim Ministerpräsidenten des Landes Nordrhein-Westfalen. Neuwied.

Bönsch, M. (2000a): Intelligente Unterrichtsstrukturen. Baltmannsweiler.

Bönsch, M. (2000b): Praxishandbuch Gute Schule. Baltmannsweiler.

Borowski, G./Hielscher, H./Schwab, M. (1976): Unterricht: Prinzipien und Modelle – Materialien für die Planungsarbeit des Lehrers. Heidelberg.

Breit, G./Schiele, S. (Hrsg.) (1998): Handlungsorientierung im Politikunterricht. Schwalbach/Ts.

Carle, U. (2000): Was bewegt die Schule? Baltmannsweiler.

Carruthers, M. (1990): The book of memory. A study of memory in medieval culture. Cambridge.

Chi, M./Glaser, R./Farr, M.J. (1988): The nature of expertise. Erlbaum.

Cohn, R.C. (1991): Von der Psychoanalyse zur themenzentrierten Interaktion. Stuttgart.

von Cube, F./Alshuth, D. (1986): Fordern statt Verwöhnen. München.

Dauber, H./Krause-Vilmar, D. (Hrsg.) (1998): Schulpraktikum vorbereiten – Pädagogische Perspektiven für die Praxis. Bad Heilbrunn.

Deutsche Forschungsgemeinschaft (Hrsg.) (1996): Forschung. Bonn, Heft 6, S. 8–9: Wenn zuviel Wissen den Blick verstellt.

Dietrich, G. (1969): Bildungswirkungen des Gruppenunterrichts. München.

Dörner, D./Kreuzig, H.W./Reither, F./Stäudel, Th. (Hrsg.) (1983): Lohausen. Bern, Stuttgart, Wien.

Dreikurs, R./Grunwald, B.B./Pepper, F.C. (^{9}2003): Lehrer und Schüler lösen Disziplinkonflikte.Weinheim und Basel.

Ericsson, K.A./Chase, W.G./Faloon, S. (1980): Aquisition of a memory skill. Science 208, S. 1181–1182.

Faßnacht, G. (^{2}1995): Systematische Verhaltensbeobachtung. München.

Faust-Siehl, G. (1989): Lernen an Stationen. Kinder und die Einheit der Zeit. In: Grundschule 3/1989.

Gage, N.L./Berliner, D.C. (^{5}1996): Pädagogische Psychologie. Weinheim.

Gebauer, M./Holefleisch U./Nießen, M./Seiler, H./Vogelsberg, R. (1977a): Praxis der Unterrichtsvorbereitung. Stuttgart.

Gebauer, M./Holefleisch U./Nießen, M./Seiler, H./Vogelsberg, R. (1977b): Theorie der Unterrichtsvorbereitung. Stuttgart.

Geißler, G. (Hrsg.) (1994): Das Problem der Unterrichtsmethode in der Pädagogischen Bewegung. 9. Aufl. Weinheim und Basel.

Gordon, T. (1989): Lehrer-Schüler-Konferenz. Wie man Konflikte in der Schule löst. (Original 1974) München.

Greif, S. (1996): »Selbstorganisationstheorien« und »Selbstorganisiertes Lernen von Schichtleitern«. In: Greif, S./Kurtz, H.-J. (Hrsg.): Handbuch Selbstorganisiertes Lernen. Göttingen.

Grzesik, J. (1976): Die Steuerung von Lernprozessen im Unterricht. Heidelberg.

Gudjons, H. (^{2}1998): Didaktik zum Anfassen. Lehrer/in-Persönlichkeit und lebendiger Unterricht. Bad Heilbrunn.

Heller, K./Nickel, H. (^{3}1980): Psychologie in der Erziehungswissenschaft. Bd. 2: Verhalten im sozialen Kontext. Stuttgart.

Hempel, M. (Hrsg.) (1999): Lernwege der Kinder. Baltmannsweiler.

Hennig, C./Knödler, U. (1995): Problemschüler – Problemfamilien. Weinheim.

Hennig, C./Keller, G. (^{2}1993): Lehrer lösen Schulprobleme. Donauwörth.

Herrmann, D.J./Chaffin, R. (Hrsg.) (1988): Memory in historical perspective. The literature before Ebbinghaus. Heidelberg.

Hilgard, E.R./Bower, G.H. (1966): Theories of Learning. New York.

IWD – Informationsdienst des Instituts der Deutschen Wirtschaft Jahrg.1998 (Juni, Dezember), 1999 (Februar). Köln.

Jürgens, E. (^{5}2000): Die »neue« Reformpädagogik und die Bewegung Offener Unterricht – Theorie, Praxis und Forschungslage. Sankt Augustin.

Jürgens, E. (^{5}2000): Leistung und Beurteilung in der Schule – Eine Einführung in Leistungs- und Bewertungsfragen aus pädagogischer Sicht. Sankt Augustin.

Kaiser, A. (1999): Anders lehren und lernen. Ein Übungskurs für emotional fundierte Lehrkompetenz. Baltmannsweiler.

Kaufmann, T. (1990): Lexikalisches Arbeiten – ein »Übungszirkel«. In: Praxis Deutsch 11/1990.

Keck, R.W./Sandfuchs, U. (1994): Wörterbuch Schulpädagogik. Bad Heilbrunn. (Eine überarbeitete Neuauflage befindet sich in Vorbereitung – Erscheinen: ca. 2003).

Klein, K./Oettinger, U. (2000): Konstruktivismus – Die neue Perspektive im (Sach-) Unterricht. Baltmannsweiler.

Klippert, H. (^{6}2002): Teamentwicklung im Klassenraum – Übungsbausteine für den Unterricht. Weinheim und Basel.

Koch-Priewe, B. (2000): Zur Aktualität und Relevanz der Allgemeinen Didaktik in der LehrerInnenausbildung. In: Bayer, M./Koch-Priewe, B./Wildt, J.: Lehrerin und Lehrer werden ohne Kompetenz? Bad Heilbrunn 2000, S. 149–169.

Kock, R. (2001): Kinder lehren Kinder. Baltmannsweiler.

Kölner Kooperationsstelle Lehrerausbildung/Betriebseinheit für erziehungswissenschaftliche Praktika (2000): Lehrer-Innenausbildung zwischen Theorie und Praxis – Formen der Kooperation zwischen Institutionen im Kölner Raum. Siegburg.

Konrad, K./Wagner, A. (1999): Lernstrategien für Kinder. Baltmannsweiler.

Korinek, W. (1997): Struktur und Verhalten. (Diss.-Druck) Tübingen.

Kramer, W./Werner, D. (1998): Familiäre Nachhilfe und bezahlter Nachhilfeunterricht – Ergebnisse einer Elternbefragung in Nordrhein-Westfalen. Köln.

Krebs, H./Faust-Siehl, G. (1993): Lernzirkel im Unterricht der Grundschule. Freiburg.

Kroner, B./Schauer, H. (1997): Unterricht erfolgreich planen und durchführen. Köln.

Kumetat, H. (1996): Das Problem der Aggression an unseren Schulen. In: Kölner Universitäts-Journal 2/1996.

Langer, E. J. (1999): Kleine Anleitung zum Klugsein. Stuttgart.

Laux, Hermann (2002): Originäres Lernen – Selbstbestimmung für Grundschüler. Baltmannsweiler.

Lompscher, J./Nickel, H./Ries, G./Schulz, G. (1997): Leben, Lernen und Lehren in der Grundschule. Neuwied.

von Martial, I./Bennack, J. (^{7}2002): Einführung in schulpraktische Studien – Vorbereitung auf Schule und Unterricht. Baltmannsweiler.

von Martial, I. (1996): Einführung in didaktische Modelle. Baltmannsweiler.

Maskus, R. (1976): Unterricht als Prozess. Bad Heilbrunn.

Metzig, W./Schuster, M. (^{5}2000): Lernen zu lernen. Berlin et al.

Mildenberger, J. (1996): TEAM – eine Ausbildungsmethode als Beispiel selbstorganisierenden Lernens bei Mercedes-Benz. In: Greif, S./Kurtz, H.-J. (Hrsg.): Handbuch Selbstorganisiertes Lernen. Göttingen.

Mohr, P.T. (2002): Computerunterstützter Unterricht in der Grundschule. Baltmannsweiler.

Molnar, A./Lindquist, B. (^{4}1995): Verhaltensprobleme in der Schule. Dortmund.

Neubauer, W.F./Gampe, H./Knapp, R. (^{3}1988): Konflikte in der Schule. Möglichkeiten und Grenzen kooperativer Entscheidungsfindung. Neuwied.

Niebaum, I. (2001): Leitlinien einer schulischen Drogenprävention. Baltmannsweiler.

Oerter, R./Mandl, H. (Hrsg.) (1988): Wissenspsychologie. München.

Peschel, F. (1997): Ist das Unterricht. In Friedrich Jahresheft 1997, S. 30/31.

Peschel, F. (2002): Offener Unterricht, Teil I: Allgemeindidaktische Überlegungen; Teil II: Fachdidaktische Überlegungen. Baltmannsweiler.

Peterßen, W.H. (^{8}1998): Handbuch Unterrichtsplanung – Grundfragen, Modelle, Stufen, Dimensionen. München.

Peterßen, W.H. (1999): Kleines Methodenlexikon. München.

Petzold, M. (2000): Medienkompetenz von Lehramtsstudenten. Köln (Masch.-Skript).

Reich, K. (^{3}2000): Systemisch-konstruktivistische Pädagogik. Neuwied.

Roth, H. (^{14}1973): Die »originale Begegnung« als methodisches Prinzip · In: ders. Pädagogische Psychologie des Lehrens und Lernens. Hannover.

Roth, L. (1971): Effektivität von Unterrichtsmethoden. Hannover.

Salaman, E. (1982): A collection of moments. In: Neisser, U. (ed.): Memory observed. San Francisco.

Schulz von Thun, F. (1998): Miteinander reden. Bd.1 und 2. Reinbek.

Schuster, M. (1990): Engen die bestehenden Gedächtnismodelle die Erforschung des Gedächtnisses im Alter ein? In: Schmitz-Scherzer, R./Kruse, A./Olbrich, E. (Hrsg.): Altern – ein lebenslanger Prozess. Darmstadt.

Schlaffke, W. (1999): Schule und Weltwirtschaft. Köln.

Schneider, I.K. (2003): »So sehe ich die Sache« – Kinder verstehen – Kinder erziehen. Baltmannsweiler.

Seibert, N./Serve, H.J./Terlinden, R. (Hrsg.) (2000): Problemfelder der Schulpädagogik. Bad Heilbrunn.

Serve, H.J. (Hrsg.) (2000): Kreativitätsförderung. Baltmannsweiler.

Spelke, E.S./Hirst, W./Neisser, U. (1976): Skills of divided attention. Cognition 4, p. 215–230.

Steindorf, G. (^{5}2000): Grundbegriffe des Lehrens und Lernens. Bad Heilbrunn.

Thiemann, F. (1977): Entdogmatisierung von Schulwissen – Notizen zu einem Dilemma. In: Bildung und Erziehung 1977, Heft 6, S. 466-475.

Unterrichten / erziehen – Zeitschrift für kreative Lehrerinnen und Lehrer (1999). Heft November/Dezember. Kronach/München/Bonn.

Watzlawick, P./ Beavin, J.H./ Jackson, D.D. (1969): Menschliche Kommunikation: Formen, Störungen, Paradoxien. Bern/Stuttgart.

Wigger, L. (1983): Handlungstheorie und Pädagogik. St. Augustin.

Yates, F.A. (1966): The art of memory. Chicago.

Zentrum für Forschung und Innovation im Bildungswesen (1997): Indikatoren für Bildungssysteme – Eine bildungspolitische Analyse. OECD Paris (Zentrum OECD 1997).

Zimbardo, P.G. (^{5}1992): Psychologie. Berlin.

Praxisnahe Leistungsbewertung

Torsten Bohl
Prüfen und Bewerten
im Offenen Unterricht
Beltz Pädagogik.
Studientexte für das Lehramt, Band 11.
Herausgegeben von Eiko Jürgens.
2., erweiterte Auflage 2004.
166 Seiten. Broschiert.
ISBN 3-407-25298-6

Unterrichtsentwicklung muss mit der Praxis der schulischen Leistungsbewertung zusammengebracht werden: nur so können die schulischen Lehr- und Lernprozesse verändert werden.

Offener Unterricht leistet einen wichtigen Beitrag zu einer zeitgemäßen Veränderung schulischer Lehr- und Lernprozesse. Unterrichtsentwicklung greift jedoch zu kurz, wenn die Praxis der schulischen Leistungsbewertung nicht sorgfältig mitbedacht wird. Die Zusammenführung der beiden Themenbereiche »Leistungsbewertung« und »Offener Unterricht« wurde bisher vernachlässigt. Der Band greift dieses Spannungsfeld systematisch auf, entwickelt theoretische und methodisch-didaktische Grundlagen, stellt empirische Forschungsergebnisse dar und beschreibt zahlreiche praxisnahe Beispiele. Damit ist eine Lücke geschlossen, die von Studierenden, Referendaren, Lehrkräfte und Multiplikatoren als ein großer Nachteil empfunden wurde.

Aus dem Inhalt: Leitbilder des offenen Unterrichts; Ergebnisse der empirischen Forschung; Begründung einer veränderten Bewertung; Leistungsbewertung bei bekannten Reformpädagogen (z.B. C. Freinet); Diagnostische Grundlagen; Gütekriterien; Methodisch-didaktische Aspekte; zahlreiche Beispiele ; Gestaltung von Zeugnissen; Portfolio.

 Beltz Verlag · Postfach 100154 · 69441 Weinheim

Weitere Infos und Ladenpreis: www.beltz.de

Reihe »Studientexte für das Lehramt«

Zurzeit lieferbare Titel

Band 2
Jürgen Bennack
Schulproblem: Erziehung
Grundlagen, Beispiele, Lösungen.
156 Seiten. Broschiert.
ISBN 3-407-25289-7

Band 3
Ullrich Amlung/ Uli Jungbluth
Seminarwerkstatt Offener Unterricht
Am Beispiel Adolf Reichweins lernen.
160 Seiten. Broschiert.
ISBN 3-407-25290-0

Band 5
Wilhelm Topsch
Grundkompetenz: Schriftspracherwerb
132 Seiten. Broschiert.
ISBN 3-407-25292-7

Band 6
Eiko Jürgens/ Werner Sacher
Leistungserziehung
und Leistungsbeurteilung
Schulpädagogische Grundlegung und
Anregung für die Praxis.
152 Seiten. Broschiert.
ISBN 3-407-25293-5

Band 7
Jürgen Bennack
Schulaufgabe: Unterricht
Zeitgemäss unterrichten können.
3., überarbeitete und erweiterte Auflage 2004.
130 Seiten. Broschiert.
ISBN 3-407-25294-3

Band 8
Karl-Heinz Arnold/Eiko Jürgens
Schülerbeurteilung ohne Zensuren
136 Seiten. Broschiert.
ISBN 3-407-25295-1

Band 9
Arnulf Hopf
Lebensprobleme und Lernprobleme
von Schülern
120 Seiten. Broschiert.
ISBN 3-407-25296-X

Band 10
Rainer Lersch
Gemeinsamer Unterricht
Schulische Integration Behinderter.
120 Seiten. Broschiert.
ISBN 3-407-25297-8

Band 11
Thorsten Bohl
Prüfen und Bewerten
im Offenen Unterricht
2., erweiterte Auflage 2004.
166 Seiten. Broschiert.
ISBN 3-407-25298-6

Band 14
Arnulf Hopf
Sexualerziehung
Unterrichtsprinzip in allen Fächern.
140 Seiten. Broschiert.
ISBN 3-407-25301-X

Band 15
Hannelore Faulstich-Wieland
Sozialisation in Schule und Unterricht
140 Seiten. Broschiert.
ISBN 3-407-25305-2

BELTZ Beltz Verlag · Postfach 100154 · 69441 Weinheim

Weitere Infos und Ladenpreise: www.beltz.de

Handlungsorientierte Didaktik

Georg E. Becker
Unterricht planen
Handlungsorientierte Didaktik, Teil I.
8., vollständig überarb. Auflage 2001.
252 Seiten. Broschiert.
ISBN 3-407-25248-X

Der Lehrer gilt als Fachmann für
die Organisation von Lernprozessen.
Dies bedarf sorgfältiger Planung in
einzelnen Schritten. Die handlungsorientierte Didaktik bietet Anleitung
und Hilfe bei der Planung von
Unterricht.
Viele Lernschwierigkeiten und Konflikte im Schulalltag treten gar nicht
erst auf, wenn Lehrer in der Lage sind,
mit einem hohen professionellen Anspruch Unterricht zu planen, durchzuführen und auszuwerten. Diese
handlungsorientierte Didaktik rückt
eine eigentlich selbstverständliche
These in das Bewusstsein angehender
und praktizierender Lehrer und bietet
ihnen die erforderlichen Studien-
und Handlungshilfen.

»Um professionelles Unterrichten zu
beherrschen und zu gewährleisten gibt
das Buch entscheidende Hilfen für
jeden Praktiker, Studenten, Lehrer-
bildner und auch für die Schulaufsicht.«
SchulVerwaltung

Georg E. Becker
Durchführung von Unterricht
Handlungsorientierte Didaktik, Teil II.
8., neu ausgestattete Auflage 1998.
298 Seiten. Broschiert.
ISBN 3-407-25203-X

Die handlungsorientierte Didaktik
konzentriert sich auf die zentralen
Berufsaufgaben des Lehrers, auf die
Planung, Durchführung und Auswer-
tung des Unterrichts. Dabei steht die
Durchführung im Mittelpunkt.
Der Ansatz ist ausgesprochen schüler-
zentriert. Jede Lehrhandlung und jede
Handlungsstruktur wurde dahingehend
überprüft, ob sie geeignet erscheint,
die Schüler bei ihren Lernbemühungen
zu unterstützen. Die Orientierung an
den Handlungen des Lehrers im Unterricht ermöglicht erst ein reflektiertes
Lehren und ein erfolgreiches Lernen.
(Aus der Einleitung von G.E. Becker)

Aus dem Inhalt: Leitlinien für den
Lehr-Lern-Prozess; Schülererwartungen;
Förderliche Eigenschaften und Einstellungen des Lehrers; Leitlinien für
den Umgang mit Schülern; Handlungskompetenz im Gesprächs-, Präsenta-
tions- und Anleitungsbereich; Politische
Implikationen.

 **BELTZ**

Infos und Ladenpreise: www.beltz.de

Beltz Verlag · Postfach 100154 · 69441 Weinheim

Handlungsorientierte Didaktik

Georg E. Becker
Unterricht auswerten und beurteilen
Handlungsorientierte Didaktik, Teil III.
7., neu ausgestattete Auflage 2002.
182 Seiten. Broschiert.
ISBN 3-407-25275-7

Neu an der Konzeption des Bandes ist das Bemühen, die Lernerfolge der Schüler in ihrer Abhängigkeit von den Lehrbemühungen zu sehen und umgekehrt. Es wird davon ausgegangen, Misserfolge nicht nur einseitig den Lehrern oder den Schülern anzulasten, sondern die gemeinsame Verantwortung für die Erfolge bzw. Misserfolge zu sehen. Der in unserer Gesellschaft vorherrschende Leistungsbegriff wird hinterfragt. Die Unterscheidung zwischen notwendigen Erfolgskontrollen, die der Orientierung dienen und Leistungsmessungen, welche die ihnen zugeschriebenen Funktionen nur unzureichend erfüllen, kann dem Lehrer hilfreich sein und auf die Schüler angstreduzierend wirken. Für das Lehrprobenritual wird eine »Check-Liste« geliefert, um als Referendar möglichst ungeschoren davonzukommen. Die mehrdimensionale Systematik von Aspekten zur Unterrichtsbeurteilung möchte zur Überwindung der traditionellen »Trivialschemata«, der Kriterienkataloge, beitragen.

Georg E. Becker
Handlungsorientierte Didaktik
Eine auf die Praxis bezogene Theorie.
2. Auflage 1995.
168 Seiten. Broschiert.
ISBN 3-407-25135-1

Die handlungsorientierte Didaktik will Lehrer befähigen, im Unterricht möglichst human, demokratisch und effektiv zu verfahren. Zu diesem Zweck werden Studien- und Übungsziele sowie Verfahren zum Qualifikations- und Kompetenzerwerb angeboten. Dieser didaktische Ansatz konzentriert sich auf das zentrale Handlungsfeld des Lehrers, auf den Unterricht, möchte den erlernbaren Bereich des Lehrens transparent machen, zum Qualifikations- und Kompetenzerwerb anregen und die hierzu erforderlichen Handlungs- und Entscheidungshilfen bieten.

 **BELTZ**

Infos und Ladenpreise: www.beltz.de

Beltz Verlag · Postfach 100154 · 69441 Weinheim

Im Zentrum: Unterrichtsentwicklung

Klippert's Unterrichtsreform
Lehren und Lernen auf neuen Wegen.
Ein Film von Paul Schwarz.
Beltz Praxis. 2004.
Videokassette.
58 Minuten.
ISBN 3-407-62514-6

Ein Video-Film mit Heinz Klippert:
das Reformprogramm zum Anschauen.
Unterrichtsentwicklung wird allseits
gefordert. Doch wo und wie ist
anzusetzen? Der Film zeigt, wie der

Unterricht in Deutschlands Schulen
systematisch verändert und effektiviert
werden kann – durch konsequentes
Lehrer- und Schülertraining, durch
korrespondierende Workshops und
Hospitationsveranstaltungen, durch
vielseitige Teamarbeit und Lehrerent-
lastung, durch gezielte Elternseminare
und Evaluationsmaßnahmen. Wie der
entsprechende Qualifizierungs- und
Innovationskreislauf in der Einzelschule
aussehen und durch die schulinternen
Steuerungsteams »gemanagt« werden
kann, wird anhand von Praxisbeispielen
und Interviews aus Rheinland-Pfalz,
Berlin, NRW und Hessen verdeutlicht
und filmisch veranschaulicht.

Bücher von Heinz Klippert zum Thema
(Auswahl):

Methoden-Training
277 Seiten. Broschiert.
ISBN 3-407-62409-3

**Eigenverantwortliches Arbeiten
und Lernen**
307 Seiten. Broschiert.
ISBN 3-407-62491-3

Heinz Klippert / Frank Müller
Methodenlernen in der Grundschule
313 Seiten. Broschiert.
ISBN 3-407-62503-0

 Beltz Verlag · Postfach 100154 · 69441 Weinheim

Weitere Infos und Ladenpreis: www.beltz.de

Richtig streiten, richtig schlichten

Karin Jefferys-Duden

Das Streitschlichter-Programm

Mediatorenausbildung für
Schülerinnen und Schüler der
Klassen 3 bis 6

Praxis **BELTZ**

Karin Jefferys-Duden
Das Streitschlichter-Programm
Mediatorenausbildung für
Schülerinnen und Schüler der
Klassen 3 bis 6.
Mit Kopiervorlagen.
152 Seiten. Broschiert.
ISBN 3-407-62390-9

Das vorliegende Programm ist ein
Leitfaden für die Ausbildung von
Schülerinnen und Schülernals Streit-
schlichter. Viele Schulen der Sekun-
darstufe I haben Schlichtung in ihr
Schulprogramm aufgenommen, weil

sich das Schulklima durch institutio-
nalisierte Schlichtung verbessern kann,
Lehrkräfte von Alltagskonflikten ent-
lastet werden und Schüler durch das
Training zur und die Anwendung der
Schlichtung soziale Kompetenzen
erwerben können, die ihnen den Um-
gang mit Gleichaltrigen erleichtern.
Dieses in der Praxis erprobte Programm
enthält sechs vollständig ausgearbeitete
Unterrichtseinheiten mit allen Arbeits-
blättern als Kopiervorlagen.
Mit leichten Modifizierungen können
Sie das Programm auch bei älteren
Schülern einsetzen.

Weitere Bücher zum Thema:

Karin Jefferys-Duden
**Konfliktlösung
und Streitschlichtung**
Das Sekundarstufen-Programm.
156 Seiten. Broschiert.
ISBN 3-407-62428-X

Karin Jefferys-Duden
Thomas Duden
Konflikte spielend lösen
Lernspiele für die Streitschlichtung.
Mit Kopiervorlagen.
136 Seiten. Broschiert.
Großformat.
ISBN 3-407-62431-X

 Beltz Verlag · Postfach 100154 · 69441 Weinheim

Weitere Infos und Ladenpreise: www.beltz.de